영어가 바로 터지는

기적의
말하기
영어회화
패턴
1000

S 시원스쿨닷컴

영어가 바로 터지는
기적의 말하기
영어회화 패턴 1000

초판 1쇄 발행 2025년 8월 22일
초판 8쇄 발행 2025년 12월 30일

지은이 이시원
펴낸곳 (주)에스제이더블유인터내셔널
펴낸이 양홍걸 이시원

홈페이지 www.siwonschool.com
주소 서울시 영등포구 영신로 166 시원스쿨
교재 구입 문의 02)2014-8151
고객센터 02)6409-0878

ISBN 979-11-6150-545-9 13740
Number 1-030101-26261806-09

이 책은 저작권법에 따라 보호받는 저작물이므로 무단복제와 무단전재를 금합니다. 이 책 내용의 전부 또는 일부를 이용하려면 반드시 저작권자와 ㈜에스제이더블유인터내셔널의 서면 동의를 받아야 합니다.

> **100개 주제별 1000패턴으로
> 실전 영어회화 완전 정복!**

머리말 Preface

우리는 학창시절 내내 영어를 공부하느라 정말 많은 노력을 합니다. 온갖 영어 시험과 평가를 치르며 학창시절을 보내죠. 그런데 우리가 지금까지 하던 이런 방식으로 10년 넘게 영어 공부를 열심히 해서, 영어 말하기를 잘하게 된 사람이 과연 몇이나 될까요?

저도 처음 캐나다에 갔을 때 당연히 영어 말하기에 큰 어려움을 느꼈습니다. 정말 영어를 잘하고 싶었고, 그 마음 하나로 저만의 영어 공부 방법을 만들어 공부하기 시작했습니다. 그 결과 저는 6개월 만에 영어를 자유자재로 말하게 되었고, 그런 제 모습을 보고 많은 분들이 영어를 가르쳐 달라고 요청하기 시작했습니다.

시원스쿨의 영어 공부법은 바로 영어를 잘하고자 하는 이러한 저의 일념으로부터 시작되었습니다.

**정말 영어로 말을 잘하기 위해서는
'자주 쓰는 실전 영어회화 패턴들'을 알아야 합니다.**

따라서 저는 실제 영어로 말할 때 자주 쓰는 실전 회화 패턴들로 책을 만들자는 생각으로 <영어가 바로 터지는 기적의 말하기 영어회화 패턴 1000>을 집필하게 되었습니다.

<영어가 바로 터지는 기적의 말하기 영어회화 패턴 1000>은 십수 년 동안 영어를 공부했음에도 영어 말문이 트이지 않은 왕초보들을 위해 저만의 영어 공부법을 담아서 쓴 책입니다.

이 책은 제가 해외 생활을 하며 치열하게 공부하고 익힌 생생한 영어회화 패턴들을 엄선하여 쓴 책입니다. 여러분이 영어 왕초보 중의 왕초보라 할지라도 <영어가 바로 터지는 기적의 말하기 영어회화 패턴 1000>과 함께 열심히 공부한다면 20일 후에는 원어민과 즐겁게 이야기 나눌 수 있을 것이라 굳게 확신합니다.

저자 이시원

책의 구성 & 활용법 Features

1. 100가지 핵심 주제별 실전 회화 패턴 1000개 + 2000문장 학습

영어회화를 가장 효율적으로 배울 수 있는 방법은 **입에 달고 사는 회화 패턴** 위주로 많이 말해 보는 것입니다. 본 교재는 우리가 일상에서 가장 자주 맞닥뜨리는 주제 100개를 엄선한 뒤 이에 대한 필수 회화 패턴 1000개와 예문 2000개를 따라 말해 보며 영어 말문이 자연스레 트이도록 구성되었습니다.

기초 필수

대화 주제별

장소별

상황별

말하기 목적별

| 기초 필수 | 주제 24개 | 패턴 240개 | 문장 480개 |

만남, 안부 인사, 일상 등과 관련해 말하는
기초 필수 영어회화 패턴+문장 학습.

| 대화 주제별 | 주제 11개 | 패턴 110개 | 문장 220개 |

날씨, 음식, 영화, 스포츠, 뉴스 등 다양한
대화 주제별 영어회화 패턴+문장 학습.

| 장소별 | 주제 25개 | 패턴 250개 | 문장 500개 |

마트, 식당, 카페, 병원, 은행 등 다양한
장소별 영어회화 패턴+문장 학습.

| 상황별 | 주제 18개 | 패턴 180개 | 문장 360개 |

길 찾기, 경찰 신고, 환불, 수리 등 다양한
상황별 영어회화 패턴+문장 학습.

| 말하기 목적별 | 주제 22개 | 패턴 220개 | 문장 440개 |

감사, 사과, 불만, 제안, 요청 등 다양한
말하기 목적별 영어회화 패턴+문장 학습.

▼

100개 주제 + 1000패턴 + 2000문장

2. "매일 하루 딱 3쪽" 회화 패턴 10개 & 문장 20개의 부담 없는 학습

주제 1개당 필수 회화 패턴 10개 & 문장 20개를 딱 **3쪽**에 걸쳐 학습하도록 구성했기 때문에 심리적 부담감이 적어 즐겁게 매일의 습관처럼 공부를 이어 나갈 수 있습니다.

각 주제별로 음원 QR코드를 수록하여, 그날 배운 회화 패턴 10개가 들어간 문장 20개를 직접 듣고 따라 말해 볼 수 있습니다. (총 100개 주제에 100개의 QR코드 수록)

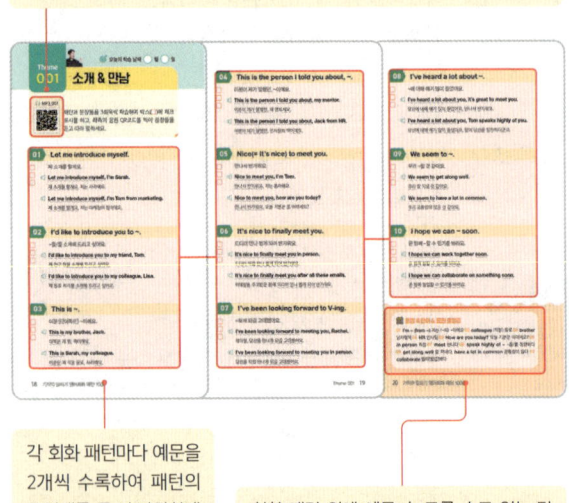

각 회화 패턴마다 예문을 2개씩 수록하여 패턴의 쓰임새를 좀 더 다양하게 익히며 구사할 수 있도록 하였습니다.

회화 패턴 외에 예문 속 모를 수도 있는 단어들과 표현들의 뜻도 한데 모아 정리하였습니다.

8

3 매일의 학습 과정을 체크할 수 있는 셀프 "학습 체크 일지" 제공

매일의 학습을 꾸준히 이어 갈 수 가장 효율적인 방법은 학습 과정을 기록으로 남겨 체크하는 것입니다. 본 교재는 학습자들이 자신의 학습 과정을 셀프로 기록하며 체크해 볼 수 있는 "학습 체크 일지"를 제공합니다.

4 체계적인 커리큘럼으로 구성된 <기적의 말하기 영어> 시리즈

<기적의 말하기 영어> 시리즈는 "[1편] 기적의 말하기 영단어 1000"에서 "[2편] 기적의 말하기 영어회화 패턴 1000"으로 확장되는 체계적인 커리큘럼의 시리즈 학습서입니다. 본 교재 [2편]만 단독으로 공부해도 충분하지만 [1편]과 연계 학습을 하시면 더욱 효율적입니다.

기적의 말하기 영단어 1000

기적의 말하기 영어회화 패턴 1000

목차 Contents

Intro

- 머리말 …………………………………………… 004
- 책의 구성 및 특징 ……………………………… 006
- 학습 체크 일지 ………………………………… 014

기초 필수 영어회화 패턴 1~240

001 소개 & 만남 …… 020	**013** 좋은 기분 ……… 056
002 안부 인사 ……… 023	**014** 나쁜 기분 ……… 059
003 신상 …………… 026	**015** 좋은 컨디션 …… 062
004 성격 …………… 029	**016** 나쁜 컨디션 …… 065
005 외모 …………… 032	**017** 가족 …………… 068
006 장단점 ………… 035	**018** 친구 …………… 071
007 버릇 …………… 038	**019** 연인 …………… 074
008 일상 …………… 041	**020** 동료 …………… 077
009 취미 …………… 044	**021** 일 ……………… 080
010 여가 …………… 047	**022** 학업 …………… 083
011 좋아하는 것 …… 050	**023** 가치관 ………… 086
012 싫어하는 것 …… 053	**024** 꿈 ……………… 089

대화 주제별 영어회화 패턴 241~350

025 날씨 ············ 092
026 건강 ············ 095
027 하루 일과 ······· 098
028 음식 ············ 101
029 음악 ············ 104
030 영화 ············ 107
031 패션 ············ 110
032 스포츠 ·········· 113
033 애완동물 ········ 116
034 여행 ············ 119
035 뉴스 & 이슈 ····· 122

장소별 영어회화 패턴 351~600

036 마트 ············ 125
037 옷 가게 ········· 128
038 신발 가게 ······· 131
039 안경점 ·········· 134
040 식당 ············ 137
041 카페 ············ 140
042 술집 ············ 143
043 영화관 ·········· 146
044 미용실 ·········· 149
045 세탁소 ·········· 152
046 헬스장 ·········· 155
047 병원 예약 ······· 158
048 내과 ············ 161
049 치과 ············ 164
050 안과 ············ 167
051 피부과 ·········· 170
052 이비인후과 ······ 173
053 정형외과 ········ 176

054 동물병원 ········ 179
055 약국 ············ 182
056 은행 ············ 185
057 우체국 ·········· 188
058 공항 ············ 191
059 기내 ············ 194
060 호텔 ············ 197

상황별 영어회화 패턴 601~780

061 도움 요청 ······· 200
062 길 찾기 ········· 203
063 분실물 찾기 ····· 206
064 경찰 신고 ······· 209
065 119 신고 ········ 212
066 제품 문의 ······· 215
067 취소 & 환불 ····· 218
068 교환 & 반품 ····· 221
069 배송 문의 ······· 224
070 설치 문의 ······· 227
071 수리 요청 ······· 230
072 업무 전화 ······· 233
073 업무 회의 ······· 236
074 프레젠테이션 ···· 239
075 입사 & 퇴사 ····· 242
076 주거 임대 ······· 245
077 휴대폰 개통 ····· 248
078 배달 음식 ······· 251

말하기 목적별 영어회화 패턴 781~1000

079 감사 ·········· 254
080 사과 ·········· 257
081 칭찬 ·········· 260
082 위로 ·········· 263
083 격려 ·········· 266
084 공감 ·········· 269
085 축하 ·········· 272
086 분노 ·········· 275
087 불만 ·········· 278
088 제안 ·········· 281
089 요청 ·········· 284

090 수락 ·········· 287
091 거절 ·········· 290
092 조언 ·········· 293
093 지시 ·········· 296
094 의견 ·········· 299
095 추측 ·········· 302
096 찬성 ·········· 305
097 반대 ·········· 308
098 비교 ·········· 311
099 설득 ·········· 314
100 추임새 ·········· 317

학습 체크 일지 Study Journal

100개의 주제(Theme)를 하루에 딱 1개씩 100일간 학습하며 아래의 학습 체크 일지에 학습 날짜를 적고 채워 가 보세요. 스스로 공부 의지를 다지고 관리하기에 이만한 것이 없답니다.

Theme 001	Theme 002	Theme 003	Theme 004	Theme 005
Theme 006	Theme 007	Theme 008	Theme 009	Theme 010
Theme 011	Theme 012	Theme 013	Theme 014	Theme 015
Theme 016	Theme 017	Theme 018	Theme 019	Theme 020
Theme 021	Theme 022	Theme 023	Theme 024	Theme 025
Theme 026	Theme 027	Theme 028	Theme 029	Theme 030

Theme 031	Theme 032	Theme 033	Theme 034	Theme 035
Theme 036	Theme 037	Theme 038	Theme 039	Theme 040
Theme 041	Theme 042	Theme 043	Theme 044	Theme 045
Theme 046	Theme 047	Theme 048	Theme 049	Theme 050
Theme 051	Theme 052	Theme 053	Theme 054	Theme 055
Theme 056	Theme 057	Theme 058	Theme 059	Theme 060
Theme 061	Theme 062	Theme 063	Theme 064	Theme 065

Theme 066	Theme 067	Theme 068	Theme 069	Theme 070
Theme 071	Theme 072	Theme 073	Theme 074	Theme 075
Theme 076	Theme 077	Theme 078	Theme 079	Theme 080
Theme 081	Theme 082	Theme 083	Theme 084	Theme 085
Theme 086	Theme 087	Theme 088	Theme 089	Theme 090
Theme 091	Theme 092	Theme 093	Theme 094	Theme 095
Theme 096	Theme 097	Theme 098	Theme 099	Theme 100

> **You can make it!**

> **Ready?
> Here we go!**

100개 주제별 1000패턴으로
실전 영어회화 완전 정복!

Let's Speak Up!

100개 주제 + 1000패턴 + 2000문장으로
이제는 영어로 자신 있게 말할 시간!

Theme 001 소개 & 만남

오늘의 학습 날짜 ◯ 월 ◯ 일

MP3_001

패턴과 문장들을 3회독씩 학습하며 박스(☐)에 체크 표시를 하고, 좌측의 음원 QR코드를 찍어 문장들을 듣고 따라 말하세요.

01 Let me introduce myself.

제 소개를 할게요.

🔊 **Let me introduce myself, I'm Sarah.**
제 소개를 할게요, 저는 사라예요.

🔊 **Let me introduce myself, I'm Tom from marketing.**
제 소개를 할게요, 저는 마케팅의 탐이에요.

02 I'd like to introduce you to ~.

~을/를 소개해 드리고 싶어요.

🔊 **I'd like to introduce you to my friend, Tom.**
제 친구 탐을 소개해 드리고 싶어요.

🔊 **I'd like to introduce you to my colleague, Lisa.**
제 동료 리사를 소개해 드리고 싶어요.

03 This is ~.

이분은[이쪽은] ~이에요.

🔊 **This is my brother, Jack.**
이쪽은 제 형, 잭이에요.

🔊 **This is Sarah, my colleague.**
이분은 제 직장 동료, 사라예요.

20 기적의 말하기 영어회화 패턴 1000

04 This is the person I told you about, ~.

이분이 제가 말했던, ~이에요.

🔊 **This is the person I told you about**, my mentor.
이분이 제가 말했던, 제 멘토세요.

🔊 **This is the person I told you about**, Jack from HR.
이분이 제가 말했던, 인사팀의 잭이에요.

05 Nice(= It's nice) to meet you.

만나서 반가워요.

🔊 **Nice to meet you**, I'm Tom.
만나서 반가워요, 저는 톰이에요.

🔊 **Nice to meet you**, how are you today?
만나서 반가워요, 오늘 기분은 좀 어떠세요?

06 It's nice to finally meet you.

드디어 만나 뵙게 되어 반가워요.

🔊 **It's nice to finally meet you** in person.
드디어 직접 만나 뵙게 되어 반가워요.

🔊 **It's nice to finally meet you** after all these emails.
이메일을 주고받은 끝에 드디어 만나 뵙게 되어 반가워요.

07 I've been looking forward to V-ing.

~하게 되길 고대했어요.

🔊 **I've been looking forward to** meeting you, Rachel.
레이첼, 당신을 만나게 되길 고대했어요.

🔊 **I've been looking forward to** meeting you in person.
당신을 직접 만나게 되길 고대했어요.

08 I've heard a lot about ~.

~에 대해 얘기 많이 들었어요.

🔊 **I've heard a lot about** you, it's great to meet you.
당신에 대해 얘기 많이 들었어요, 만나서 반가워요.

🔊 **I've heard a lot about** you, Tom speaks highly of you.
당신에 대해 얘기 많이 들었어요, 탐이 당신을 칭찬하더군요.

09 We seem to ~.

우리 ~할 것 같아요.

🔊 **We seem to** get along well.
우리 잘 지낼 것 같아요.

🔊 **We seem to** have a lot in common.
우리 공통점이 많은 것 같아요.

10 I hope we can ~ soon.

곧 함께 ~할 수 있기를 바라요.

🔊 **I hope we can** work together **soon**.
곧 함께 일할 수 있기를 바라요.

🔊 **I hope we can** collaborate on something **soon**.
곧 함께 협업할 수 있기를 바라요.

📅 문장 속 단어 & 표현 총정리

01 I'm ~ (from ~) 저는 (~의) ~이에요 02 colleague (직장) 동료 03 brother 남자형제 04 HR 인사팀 05 How are you today? 오늘 기분은 어떠세요? 06 in person 직접 07 meet 만나다 08 speak highly of ~ ~을/를 칭찬하다 09 get along well 잘 지내다, have a lot in common 공통점이 많다 10 collaborate 협력[협업]하다

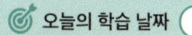

Theme 002 안부 인사

MP3_002

패턴과 문장들을 3회독씩 학습하며 박스(□)에 체크 표시를 하고, 좌측의 음원 QR코드를 찍어 문장들을 듣고 따라 말하세요.

01 It's good to see you.

만나서 반가워요. (*첫 만남 아님)

It's good to see you again!
다시 만나서 반가워요!

It's good to see you after so long.
오랜만에 만나서 반가워요.

02 It's been a while.

오랜만이에요.

It's been a while since we last met.
우리가 마지막으로 만난 후 오랜만이네요.

It's been a while. I've missed you.
오랜만이에요. 그동안 보고 싶었어요.

03 How's everything?

모든 게 어때요[다 잘 되고 있어요]?

How's everything at work?
일은 다 잘 되고 있어요?

How's everything going at home?
집은 다 잘 돌아가고 있어요?

Theme 002 23

04 How's your family doing?

가족들은 잘 지내고 있나요?

🔊 **How's your family doing these days?**
요즘 가족들은 잘 지내고 있나요?

🔊 **How's your family doing after the move?**
이사 후 가족은 잘 지내고 있나요?

05 How are you doing (with ~)?

(~은/는) 어떻게 지내고[되고] 있어요?

🔊 **How are you doing today?**
오늘 어떻게 지내고 있어요?

🔊 **How are you doing with your new job?**
새로운 일은 어떻게 되고 있어요?

06 How's your ~ been?

~은/는 어땠어요[어떠세요]?

🔊 **How's your week been so far?**
이번 주는 지금까지 어땠어요?

🔊 **How's your health been since the surgery?**
수술 후 건강은 어떠세요?

07 How's ~ treating you?

~은/는 어때요?

🔊 **How's work treating you these days?**
요즘 일은 어때요?

🔊 **How's life treating you these days?**
요즘 인생은[사는 건] 어때요?

08 How are you holding up?

어떻게 지내고 있어요? (*힘든 상황일 때)

🔊 **How are you holding up with the workload?**
일이 많은데 어떻게 지내고 있어요?

🔊 **How are you holding up after the news?**
그 소식 이후 어떻게 지내고 있어요?

09 I'm fine[I'm doing great], thank you.

저는 괜찮아요[잘 지내요], 고마워요.

🔊 **I'm fine, thank you for asking.**
저는 괜찮아요, 물어봐 줘서 고마워요.

🔊 **I'm doing great, thank you for checking.**
저는 잘 지내요, 신경 써 줘서 고마워요.

10 I hope you're V-ing.

~하고 있길[있는 중이길] 바라요.

🔊 **I hope you're having a relaxing day.**
편안한 하루 보내고 있길 바라요.

🔊 **I hope you're doing well after your surgery.**
수술 후 잘 지내고 있길 바라요.

📅 문장 속 단어 & 표현 총정리

01 after so long 오랜만에 **02** last 마지막으로, miss 그리워하다 **03** work 일터[직장], at home 집에서 **04** these days 요즘, move 이사 **05** new job 새로운 일 **06** so far 지금까지, surgery 수술 **07** life 인생, 삶 **08** workload 업무량, 업무 부하, news 소식 **09** thank you for ~ ~에 고맙다, ask 묻다 **10** relaxing day 편안한 날[하루]

Theme 002   25

Theme 003 신상

🎧 MP3_003

패턴과 문장들을 3회독씩 학습하며 박스(☐)에 체크 표시를 하고, 좌측의 음원 QR코드를 찍어 문장들을 듣고 따라 말하세요.

01 I'm (originally) from ~

저는 (원래) ~출신이에요[~에서 왔어요].

📢 **I'm originally from** Jeju, but now I live in Seoul.
저는 원래 제주 출신인데, 지금은 서울에 살아요.

📢 Where are you from? **I'm from** Tokyo.
어디서 오셨어요? 저는 도쿄에서 왔어요.

02 I grew up in ~.

저는 ~에서 자랐어요.

📢 **I grew up in** a busy city called Busan.
저는 부산이라는 바쁜 도시에서 자랐어요.

📢 **I grew up in** a small village in the countryside.
저는 시골의 작은 마을에서 자랐어요.

03 I've been living in ~ for ~.

저는 ~동안[~째] ~에서 살고 있어요.

📢 **I've been living in** Seoul **for** five years.
저는 서울에서 5년째 살고 있어요.

📢 **I've been living in** this neighborhood **for** 10 years.
저는 이 동네에서 10년째 살고 있어요.

04 What do you do for a living?

무슨 일 하세요?

🔊 **What do you do for a living? I'm a teacher.**
무슨 일 하세요? 저는 교사예요.

🔊 **What do you do for a living? I'm an engineer.**
무슨 일 하세요? 저는 엔지니어예요.

05 I work as a[an] ~.

저는 ~으로 일하고 있어요.

🔊 **I work as a doctor in a local hospital.**
저는 지역 병원에서 의사로 일하고 있어요.

🔊 **I work as a marketing manager at a tech company.**
저는 기술 회사에서 마케팅 매니저로 일하고 있어요

06 I went to[studied at] ~.

저는 ~에 다녔어요[~에서 공부했어요].

🔊 **I went to Yonsei University.**
저는 연세대학교에 다녔어요.

🔊 **Where did you go to school? I studied at Harvard.**
어디에서 학교 다녔어요? 저는 하버드에서 공부했어요.

07 I'm married. / I'm still single.

저는 결혼했어요. / 저는 아직 미혼이에요.

🔊 **I'm married, and I have two kids.**
저는 결혼했고, 자녀가 두 명 있어요

🔊 **Are you married? I'm still single.**
결혼하셨나요? 저는 아직 미혼이에요.

08 Do you have any ~?

~이/가 있나요? (*형제자매, 자녀를 물을 때)

🔊 **Do you have any siblings? I have two sisters.**
형제자매가 있나요? 저는 여동생이 두 명 있어요.

🔊 **Do you have any children? I have one son.**
자녀가 있나요? 저는 아들 한 명이 있어요.

09 What's your date of birth?

생일이 언제예요?

🔊 **What's your date of birth? I was born on June 10th.**
생일이 언제예요? 저는 6월 10일에 태어났어요.

🔊 **What's your date of birth? I was born on May 5th.**
생일이 언제예요? 저는 5월 5일에 태어났어요.

10 I'm approaching ~.

~(라는 나이)에 다가가고 있어요.

🔊 **I'm approaching 30, and I feel more confident.**
저는 30살에 다가가고 있고, 좀 더 자신감이 느껴져요.

🔊 **I'm approaching 40, and I can't believe it!**
저는 40살에 다가가고 있어요, 믿을 수가 없어요!

📅 문장 속 단어 & 표현 총정리

01 live in ~ ~에서 살다 **02** called ~ ~으로 불리는[~이라는], village 마을, countryside 시골 **03** year 연[해] **04** teacher 선생님, engineer 엔지니어 **05** local 지역의, tech company 기술 회사 **06** university 대학교 **07** kid 아이 **08** sibling 형제자매, children 아이들 **09** June 6월, May 5월 **10** confident 자신감이 있는, believe 믿다

Theme 004 성격

MP3_004

패턴과 문장들을 3회독씩 학습하며 박스(☐)에 체크 표시를 하고, 좌측의 음원 QR코드를 찍어 문장들을 듣고 따라 말하세요.

01 I'm (very) ~.

저는 (매우) ~해요.

I'm very determined and stick to my goals.
저는 매우 결단력이 강하고, 목표를 지키려고 해요.

I'm very friendly and enjoy socializing.
저는 매우 친절하고 사람들과 어울리는 걸 좋아해요.

02 I tend to be ~.

저는 ~인 편이에요[경향이 있어요].

I tend to be shy, especially in large groups.
저는 특히 큰 그룹에서는 수줍어하는 편이에요.

I tend to be optimistic, even in difficult situations.
저는 어려운 상황에서도 낙관적인 편이에요.

03 I can be a bit ~.

저는 가끔 ~해요.

I can be a bit shy in new situations.
저는 가끔 새로운 상황에서 수줍어해요.

I can be a bit stubborn, but I listen to others.
저는 가끔 고집이 세요, 하지만 다른 이들의 말을 경청해요.

04 I find it easy to ~.

저는 ~하는 것이 쉬워요.

🔊 **I find it easy to make new friends.**
저는 새로운 친구를 사귀는 것이 쉬워요.

🔊 **I find it easy to stay positive in difficult times.**
저는 어려운 상황에서 긍정적 자세를 유지하는 것이 쉬워요.

05 I would describe myself as ~.

저는 제 자신을 ~이라고 묘사할 수 있어요.

🔊 **I would describe myself as open-minded.**
저는 제 자신을 열린 마음을 가졌다고 묘사할 수 있어요.

🔊 **I would describe myself as patient and calm.**
저는 제 자신을 인내심 있고 차분하다고 묘사할 수 있어요.

06 I'm someone who ~.

저는 ~하는 사람이에요.

🔊 **I'm someone who likes to take risks.**
저는 위험을 감수하고 걸 좋아하는 사람이에요.

🔊 **I'm someone who values honesty above all.**
저는 무엇보다 정직을 중요시하는 사람이에요.

07 I'm more of a ~ person.

저는 좀 더 ~한 사람이에요.

🔊 **I'm more of a relaxed person.**
저는 좀 더 여유 있는 사람이에요.

🔊 **I'm more of a creative person than a logical one.**
저는 논리적인 사람이기보다 좀 더 창의적인 사람이에요.

08 People say I'm ~.

사람들이 저를 ~이라고[하다고] 해요.

People say I'm a good listener.
사람들이 저를 좋은 경청자라고 해요.

People say I'm very reliable and dependable.
사람들이 저를 매우 믿음직하고 의지할 수 있다고 해요.

09 I'm not really a/an ~ person.

저는 사실 ~한 사람[인간]이 아니에요.

I'm not really a morning person.
저는 사실 아침형 인간이 아니에요.

I'm not really a patient person.
저는 사실 인내심이 많은 사람이 아니에요.

10 I'm not ~, but I try to ~.

저는 ~하지 않지만, ~하려고 해요.

I'm not talkative, but I try to speak up.
저는 말이 많지 않지만, 좀 더 많이 말하려고 해요.

I'm not very patient, but I try to stay calm.
저는 참을성이 많지 않지만, 좀 더 차분해지려고 해요.

📖 문장 속 단어 & 표현 총정리

01 determined 결단력 있는 **02** optimistic 낙관적인 **03** stubborn 고집 센 **04** positive 긍정적인 **05** patient 참을성 있는 **06** take risks 위험을 감수하다 **07** relaxed 여유 있는, creative 창의적인, logical 논리적인 **08** reliable 믿음직한, dependable 의지할 수 있는 **09** morning person 아침형 인간 **10** talkative 말이 많은

Theme 004

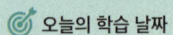

Theme 005 외모

MP3_005

패턴과 문장들을 3회독씩 학습하며 박스(□)에 체크 표시를 하고, 좌측의 음원 QR코드를 찍어 문장들을 듣고 따라 말하세요.

01 I've got a ~ face.

저는 ~한 얼굴형을 갖고 있어요.

🔊 **I've got a round face.**
저는 둥근 얼굴형을 갖고 있어요.

🔊 **I've got a square face.**
저는 각진 얼굴형을 갖고 있어요.

02 I look ~ for my age.

저는 제 나이에 비해 ~해 보여요.

🔊 **I look younger for my age.**
저는 제 나이에 비해 더 어려 보여요.

🔊 **I look older for my age.**
저는 제 나이에 비해 더 나이 들어 보여요.

03 I look good in ~.

저는 ~이/가 잘 어울려요.

🔊 **I look good in black clothes.**
저는 검은색 옷이 잘 어울려요.

🔊 **I look good in bright colors.**
저는 밝은 색[밝은 색 옷]이 잘 어울려요.

04 I think I look ~.

저는 (제가) ~한 것 같아요.

🔊 **I think I look better with shorter hair.**
저는 짧은 머리가 더 잘 어울리는 것 같아요.

🔊 **I think I look more confident with makeup.**
저는 화장을 하면 더 자신 있어 보이는 것 같아요.

05 I'm happy with my ~.

저는 제 ~에 만족해요.

🔊 **I'm happy with my body shape.**
저는 제 몸매에 만족해요.

🔊 **I'm happy with my hair length.**
저는 제 머리 길이에 만족해요.

06 I think my best feature is my ~.

저는 제 최고의 특징이 ~이라고 생각해요.

🔊 **I think my best feature is my skin.**
저는 제 최고의 특징이 피부라고 생각해요.

🔊 **I think my best feature is my smile.**
저는 제 최고의 특징이 미소라고 생각해요.

07 People say I look ~.

사람들이 제가 ~해 보인다고 말해요.

🔊 **People say I look taller in person.**
사람들이 제가 실제로 더 커 보인다고 말해요.

🔊 **People say I look younger than my age.**
사람들이 제가 나이보다 더 어려 보인다고 말해요.

Theme 005

08 I'm often told I look ~.

저는 자주 ~해 보인다는 말을 들어요.

🔊 **I'm often told I look like my mom.**
저는 자주 엄마를 닮아 보인다는 말을 들어요.

🔊 **I'm often told I look younger than I am.**
저는 자주 제 나이보다 더 어려 보인다는 들어요.

09 I'm always complimented on my ~.

저는 항상 제 ~에 대한 칭찬을 받아요.

🔊 **I'm always complimented on my eyes.**
저는 항상 제 눈에 대한 칭찬을 받아요.

🔊 **I'm always complimented on my style.**
저는 항상 제 스타일에 대한 칭찬을 받아요.

10 You look ~.

~해 보여요[보이네요].

🔊 **You look beautiful today.**
오늘 정말 아름다워 보이네요.

🔊 **You look amazing today!**
오늘 정말 멋져 보여요!

📅 문장 속 단어 & 표현 총정리

01 round 둥근, square 각진 **02** younger 더 어린, older 더 나이 든 **03** clothe 옷, bright 밝은 **04** shorter 더 짧은, confident 자신 있는 **05** body shape 몸매 **06** feature 특징, skin 피부, smile 미소 **07** taller 더 큰, in person 실제로 **08** look like ~ ~처럼 보이다, ~와 닮았다 **09** be complimented 칭찬받다 **10** amazing 멋진

Theme 006 장단점

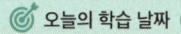

MP3_006

패턴과 문장들을 3회독씩 학습하며 박스(□)에 체크 표시를 하고, 좌측의 음원 QR코드를 찍어 문장들을 듣고 따라 말하세요.

01 I'm good at V-ing.

저는 ~에 능숙해요.

I'm good at managing time.
저는 시간 관리에 능숙해요.

I'm good at solving problems quickly.
저는 문제를 빨리 해결하는 데 능숙해요.

02 My strength is ~.

저의 강점은 ~이에요[이라는 거예요].

My strength is being a good listener.
저의 강점은 좋은 경청자라는 거예요.

My strength is my ability to work under pressure.
저의 강점은 압박 속에서도 일하는 능력이에요.

03 One of my strengths is ~.

저의 강점 중 하나는 ~이에요.

One of my strengths is my attention to detail.
저의 강점 중 하나는 세부 사항에 대한 주의력이에요.

One of my strengths is my ability to adapt quickly.
저의 강점 중 하나는 빠르게 적응하는 능력이에요.

04 My biggest strength is ~.

저의 가장 큰 강점은 ~이에요.

🔊 **My biggest strength is my adaptability.**
저의 가장 큰 강점은 적응력이에요.

🔊 **My biggest strength is my communication skills.**
저의 가장 큰 강점은 의사소통 능력이에요.

05 One of my weaknesses is ~.

저의 약점 중 하나는 ~이에요.

🔊 **One of my weaknesses is lack of patience.**
저의 약점 중 하나는 인내심 부족이에요.

🔊 **One of my weaknesses is getting stressed easily.**
저의 약점 중 하나는 쉽게 스트레스를 받는 거예요.

06 My biggest weakness is ~.

저의 가장 큰 단점은 ~이에요.

🔊 **My biggest weakness is procrastination.**
저의 가장 큰 단점은 미루는 버릇이에요.

🔊 **My biggest weakness is overthinking.**
저의 가장 큰 단점은 과도하게 생각하는 거예요.

07 I'm known for being ~.

저는 ~한 것으로 유명해요.

🔊 **I'm known for being punctual.**
저는 시간을 잘 지키는 것으로 유명해요.

🔊 **I'm known for being reliable.**
저는 믿음직한 (사람인) 것으로 유명해요.

08　I'm very ~ when it comes to ~.

~에 있어서는[~일 때] 저는 매우 ~해요.

🔊 **I'm very focused when it comes to work.**
일에 있어서는 저는 매우 집중해요.

🔊 **I'm very careful when it comes to handling money.**
돈을 다룰 때는 저는 매우 신중해요.

09　I consider myself ~.

저는 저 자신을 ~라고 생각해요.

🔊 **I consider myself a hardworking person.**
저는 저 자신을 성실한 사람이라고 생각해요.

🔊 **I consider myself a creative thinker.**
저는 저 자신을 창의적인 사람이라고 생각해요.

10　I'm the kind of person who ~.

저는 ~하는 사람이에요.

🔊 **I'm the kind of person who always helps others.**
저는 항상 다른 사람을 돕는 사람이에요.

🔊 **I'm the kind of person who loves trying new things.**
저는 새로운 것을 시도하는 걸 좋아하는 사람이에요.

📅 문장 속 단어 & 표현 총정리

01 manage 관리하다, solve 해결하다 **02** under pressure 압박 속에서 **03** adapt 적응하다 **04** adaptability 적응력, communication 의사소통 **05** patience 인내심, get stressed 스트레스 받다 **06** procrastination 미루기 **07** punctual 시간 엄수의 **08** focused 집중하는, careful 신중한 **09** hardworking 성실한 **10** try 시도하다

Theme 006

Theme 007 버릇

MP3_007

패턴과 문장들을 3회독씩 학습하며 박스(□)에 체크 표시를 하고, 좌측의 음원 QR코드를 찍어 문장들을 듣고 따라 말하세요.

01 I have a habit of V-ing.

저는 ~하는 버릇[습관]이 있어요.

I have a habit of biting my nails.
저는 손톱을 물어뜯는 버릇이 있어요.

I have a habit of staying up late.
저는 늦게 자는 습관이 있어요.

02 I tend to ~.

저는 ~하는 경향이 있어요.

I tend to skip breakfast.
저는 아침을 거르는 경향이 있어요.

I tend to overthink everything.
저는 모든 걸 과하게 생각하는 경향이 있어요.

03 I ~ without thinking.

저는 무의식적으로[습관처럼] ~해요.

I check my phone without thinking.
저는 무의식적으로 휴대폰을 확인해요.

I open the fridge without thinking.
저는 습관처럼 냉장고 문을 열어요.

04 It's my daily routine to ~.

매일 ~하는 게 제 습관이에요.

🔊 **It's my daily routine to write a journal.**
매일 일기를 쓰는 게 제 습관이에요.

🔊 **It's my daily routine to take a walk after dinner.**
매일 저녁 먹고 산책하는 게 제 습관이에요.

05 I always forget to ~.

저는 항상 ~하는 걸 깜빡해요.

🔊 **I always forget to set my alarm.**
저는 항상 알람 맞추는 걸 깜빡해요.

🔊 **I always forget to bring my umbrella.**
저는 항상 우산 챙기는 걸 깜빡해요.

06 I've gotten into the habit of V-ing.

저는 ~하는 버릇[습관]이 생겼어요.

🔊 **I've gotten into the habit of eating late at night.**
저는 밤늦게 먹는 버릇이 생겼어요.

🔊 **I've gotten into the habit of walking after dinner.**
저는 저녁 먹고 걷는 습관이 생겼어요.

07 I can't get rid of the habit of V-ing.

저는 ~하는 버릇[습관]을 못 버리겠어요.

🔊 **I can't get rid of the habit of talking to myself.**
저는 혼잣말하는 버릇을 못 버리겠어요.

🔊 **I can't get rid of the habit of snacking at night.**
저는 밤에 군것질하는 습관을 못 버리겠어요.

08　I'm trying to break the habit of V-ing.

저는 ~하는 버릇[습관]을 고치려 하고 있어요.

🔊 **I'm trying to break the habit of procrastinating.**
저는 미루는 습관을 고치려 하고 있어요.

🔊 **I'm trying to break the habit of biting my lips.**
저는 입술 깨무는 버릇을 고치려 하고 있어요.

09　I've been trying to ~.

저는 ~하려고 노력 중이에요.

🔊 **I've been trying to sleep earlier.**
저는 더 일찍 자려고 노력 중이에요.

🔊 **I've been trying to drink more water.**
저는 물을 더 많이 마시려고 노력 중이에요.

10　I need to get into the habit of V-ing.

저는 ~하는 습관을 들여야 해요.

🔊 **I need to get into the habit of saving money.**
저는 돈을 저축하는 습관을 들여야 해요.

🔊 **I need to get into the habit of studying every day.**
저는 매일 공부하는 습관을 들여야 해요.

📅 문장 속 단어 & 표현 총정리

01 bite 깨물다, stay up late 밤새다[늦게 자다] **02** overthink 과하게 생각하다 **03** fridge 냉장고 **04** journal 일기, take a walk 산책하다 **05** bring 가져가다[챙기다] **06** eat late 늦게 먹다 **07** talk to myself 혼잣말하다, snack 군것질하다 **08** procrastinate 미루다 **09** earlier 더 일찍 **10** save 아끼다[저축하다]

Theme 008 일상

오늘의 학습 날짜 ◯월 ◯일

🎧 MP3_008

패턴과 문장들을 3회독씩 학습하며 박스(☐)에 체크 표시를 하고, 좌측의 음원 QR코드를 찍어 문장들을 듣고 따라 말하세요.

01 I usually wake up at ~.

저는 보통 ~시에 일어나요.

🔊 **I usually wake up at 7 a.m.**
저는 보통 오전 7시에 일어나요.

🔊 **I usually wake up at 6:30 a.m.**
저는 보통 오전 6시 30분에 일어나요.

02 I can't start my day without ~.

저는 ~하지 않으면 하루를 시작할 수 없어요.

🔊 **I can't start my day without breakfast.**
저는 아침을 먹지 않으면 하루를 시작할 수 없어요.

🔊 **I can't start my day without having coffee.**
저는 커피를 마시지 않으면 하루를 시작할 수 없어요.

03 I usually have ~ for breakfast/lunch/dinner.

저는 보통 아침/점심/저녁에 ~을/를 먹어요.

🔊 **I usually have cereal for breakfast.**
저는 보통 아침에 시리얼을 먹어요.

🔊 **I usually have a sandwich for lunch.**
저는 보통 점심에 샌드위치를 먹어요.

05 I usually go to bed at ~.

저는 보통 ~시에 자러 가요.

🔊 **I usually go to bed at 10 p.m.**
저는 보통 오후 10시에 자러 가요.

🔊 **I usually go to bed at midnight.**
저는 보통 자정에 자러 가요.

06 I always ~ before bed.

저는 자기 전에 항상 ~해요.

🔊 **I always exercise before bed.**
저는 자기 전에 항상 운동해요.

🔊 **I always walk my dog before bed.**
저는 자기 전에 항상 개를 산책시켜요.

06 I ~ once/twice/~ times a week.

저는 일주일에 한 번/두 번/~번 ~해요.

🔊 **I go grocery shopping once a week.**
저는 일주일에 한 번 장을 봐요.

🔊 **I take a yoga class twice a week.**
저는 일주일에 두 번 요가 수업을 들어요.

07 I try to ~ every day.

저는 매일 ~하려고 해요.

🔊 **I try to drink enough water every day.**
저는 매일 충분한 물을 마시려고 해요.

🔊 **I try to get enough sleep every day.**
저는 매일 충분히 자려고 해요.

08　I'm in the habit of V-ing.

저는 ~하는 습관이 있어요.

🔊 **I'm in the habit of** waking up early.
저는 일찍 일어나는 습관이 있어요.

🔊 **I'm in the habit of** reading before bed.
저는 자기 전에 책을 읽는 습관이 있어요.

09　I don't usually ~.

저는 보통 ~하지 않아요.

🔊 **I don't usually** go out on weekdays.
저는 보통 평일에는 외출하지 않아요.

🔊 **I don't usually** wake up early on weekends.
저는 보통 주말에는 일찍 일어나지 않아요.

10　I don't have time to ~ on weekdays.

저는 평일에는 ~할 시간이 없어요.

🔊 **I don't have time to** cook on weekdays.
저는 평일에는 요리할 시간이 없어요.

🔊 **I don't have time to** meet friends on weekdays.
저는 평일에는 친구들을 만날 시간이 없어요.

📖 문장 속 단어 & 표현 총정리

01 ~ a.m. 오전 ~시　**02** breakfast 아침(식사), have 먹다; 마시다　**03** lunch 점심(식사), dinner 저녁(식사)　**04** ~ p.m. 오후 ~시　**05** exercise 운동, walk one's dog 개를 산책시키다　**06** go grocery shopping 장을 보러 가다　**07** enough 충분한　**08** habit 습관, read 책을 읽다　**09** go out 외출하다　**10** cook 요리하다

Theme 009 취미

MP3_009

패턴과 문장들을 3회독씩 학습하며 박스(□)에 체크 표시를 하고, 좌측의 음원 QR코드를 찍어 문장들을 듣고 따라 말하세요.

01 I enjoy ~.

저는 ~을/를/하는 걸 즐겨요[즐겨 해요].

I enjoy playing soccer.
저는 축구를 즐겨 해요.

I enjoy hiking in the mountains.
저는 산에서 하이킹하는 걸 즐겨요.

02 I've always enjoyed ~.

저는 항상 ~을/를/하는 걸 즐겨 왔어요.

I've always enjoyed playing the guitar.
저는 항상 기타 치는 걸 즐겨 왔어요.

I've always enjoyed traveling to new places.
저는 항상 새로운 곳으로 여행하는 걸 즐겨 왔어요.

03 I'm interested in ~.

저는 ~에 관심이 있어요.

I'm interested in photography.
저는 사진[사진 찍기]에 관심이 있어요.

I'm interested in learning new languages.
저는 새로운 언어를 배우는 것에 관심이 있어요.

04 I'm into ~.

저는 ~에 빠져 있어요.

🔊 **I'm into cooking.**
저는 요리에 빠져 있어요.

🔊 **I'm into watching Netflix these days.**
저는 요즘 넷플릭스 보는 것에 빠져 있어요.

05 I've been into ~ for ~.

저는 ~동안[째] ~에 빠져 있어요.

🔊 **I've been into yoga for five years.**
저는 5년째 요가에 빠져 있어요.

🔊 **I've been into painting for a long time.**
저는 오랫동안 그림 그리기에 빠져 있어요.

06 I've been V-ing for years.

저는 몇 년째 ~하고 있어요.

🔊 **I've been painting for years.**
저는 몇 년째 그림을 그리고 있어요.

🔊 **I've been running for years.**
저는 몇 년째 달리기를 하고 있어요.

07 I've recently started ~.

저는 최근에 ~을/를 시작했어요.

🔊 **I've recently started taking dance classes.**
저는 최근에 댄스 수업을 듣기(를) 시작했어요.

🔊 **I've recently started learning how to play chess.**
저는 최근에 체스 두는 법을 배우기(를) 시작했어요.

08 I've always wanted to try ~.

저는 항상 ~을/를 해 보고 싶었어요.

🔊 **I've always wanted to try skydiving.**
저는 항상 스카이다이빙을 해 보고 싶었어요.

🔊 **I've always wanted to try rock climbing.**
저는 항상 암벽 등반을 해보고 싶었어요.

09 I can't get enough of ~.

저는 ~을/를 정말 좋아해요.

🔊 **I can't get enough of hiking.**
저는 하이킹을 정말 좋아해요.

🔊 **I can't get enough of watching movies.**
저는 영화 관람을 정말 좋아해요.

10 I used to ~.

저는 예전에 ~했었어요.

🔊 **I used to play tennis when I was younger.**
저는 예전 어렸을 때 테니스를 쳤었어요.

🔊 **I used to collect stamps as a hobby.**
저는 예전에 취미로 우표를 모았었어요.

📅 문장 속 단어 & 표현 총정리

01 play soccer 축구를 하다 **02** play the guitar 기타를 치다, travel 여행하다 **03** photography 사진 **04** cook 요리하다, watch 보다 **05** paint 그림을 그리다 **06** run 달리다 **07** how to V ~하는 법 **08** rock climbing 암벽 등반 **09** watch movies 영화를 관람하다 **10** collect 모으다, stamp 우표, as a hobby 취미로

Theme 010 여가

 오늘의 학습 날짜 ◯ 월 ◯ 일

MP3_010

패턴과 문장들을 3회독씩 학습하며 박스(☐)에 체크 표시를 하고, 좌측의 음원 QR코드를 찍어 문장들을 듣고 따라 말하세요.

01 I usually ~ on weekends.

저는 주말에 보통 ~해요.

🔊 **I usually go hiking on weekends.**
저는 주말에 보통 하이킹을 가요.

🔊 **I usually meet friends on weekends.**
저는 주말에 보통 친구들을 만나요.

02 I spend my weekends V-ing.

저는 ~하면서 주말을 보내요.

🔊 **I spend my weekends cooking.**
저는 요리를 하면서 주말을 보내요.

🔊 **I spend my weekends relaxing at home.**
저는 집에서 쉬면서 주말을 보내요.

03 On my days off, I like to ~.

휴일에 저는 ~하는 걸 좋아해요.

🔊 **On my days off, I like to travel.**
휴일에 저는 여행하는 걸 좋아해요.

🔊 **On my days off, I like to watch movies.**
휴일에 저는 영화 보는 걸 좋아해요.

04   I like to ~ in my free time.

저는 여가 시간에 ~하는 걸 좋아해요.

🔊 **I like to read in my free time.**
저는 여가 시간에 책 읽는 걸 좋아해요.

🔊 **I like to exercise in my free time.**
저는 여가 시간에 운동하는 걸 좋아해요.

05   I spend my free time V-ing.

저는 ~하면서 여가 시간을 보내요.

🔊 **I spend my free time painting.**
저는 그림을 그리며 여가 시간을 보내요.

🔊 **I spend my free time listening to music.**
저는 음악을 들으며 여가 시간을 보내요.

06   I like to relax by V-ing.

저는 ~하며 쉬는 걸 좋아해요.

🔊 **I like to relax by meditating.**
저는 명상하며 쉬는 걸 좋아해요.

🔊 **I like to relax by taking walks.**
저는 산책하며 쉬는 걸 좋아해요.

07   I make time for V-ing.

저는 ~할 시간을 만들어요.

🔊 **I make time for reading every evening.**
저는 매일 저녁 책 읽을 시간을 만들어요.

🔊 **I make time for cooking on weekends.**
저는 주말에 요리할 시간을 만들어요.

08 I try to ~ as often as possible.

저는 가능한 자주 ~하려고 해요.

🔊 **I try to exercise as often as possible.**
저는 가능한 자주 운동하려고 해요.

🔊 **I try to go camping as often as possible.**
저는 가능한 자주 캠핑을 가려고 해요.

09 I like to ~ when I have the chance.

저는 기회가 있을 때 ~하는 걸 좋아해요.

🔊 **I like to travel when I have the chance.**
저는 기회가 있을 때 여행하는 걸 좋아해요.

🔊 **I like to visit new places when I have the chance.**
저는 기회가 있을 때 새로운 곳을 방문하는 걸 좋아해요.

10 I enjoy V-ing as a way to relax.

저는 ~을/를 쉬는 방법으로 즐겨요.

🔊 **I enjoy walking as a way to relax.**
저는 산책을 쉬는 방법으로 즐겨요.

🔊 **I enjoy listening to music as a way to relax.**
저는 음악 듣기를 쉬는 방법으로 즐겨요.

📅 문장 속 단어 & 표현 총정리

01 go hiking 하이킹을 가다 **02** relax 쉬다 **03** watch movies 영화를 보다 **04** read 책을 읽다, exercise 운동하다 **05** paint 그림을 그리다, listen to music 음악을 듣다 **06** medltate 명상하나, take walks 산책하다 **07** every evening 매일 저녁 **08** go camping 캠핑을 가다 **09** visit 방문하다, place 장소[곳] **10** walking 산책

Theme 010

Theme 011 좋아하는 것

MP3_011

패턴과 문장들을 3회독씩 학습하며 박스(☐)에 체크 표시를 하고, 좌측의 음원 QR코드를 찍어 문장들을 듣고 따라 말하세요.

01 I'm a big fan of ~.

저는 ~의 큰 팬이에요[~을/를 정말 좋아해요].

I'm a big fan of ballad music.
저는 발라드 음악을 정말 좋아해요.

I'm a big fan of action movies.
저는 액션 영화를 정말 좋아해요.

02 I'm (really) fond of ~.

저는 ~을/를 (정말) 좋아해요.

I'm really fond of classical music.
저는 클래식 음악을 정말 좋아해요.

I'm fond of cooking new recipes.
저는 새로운 요리법을 시도하는 것을 좋아해요.

03 I love ~, especially ~.

저는 ~을/를 좋아해요, 특히 ~을/를요.

I love sports, especially basketball.
저는 스포츠를 좋아해요, 특히 농구를요.

I love reading, especially mystery novels.
저는 책 읽기를 좋아해요, 특히 추리 소설을요.

04 I enjoy V-ing more than anything.

저는 ~하는 걸 무엇보다 좋아해요.

🔊 **I enjoy painting more than anything.**
저는 그림 그리는 걸 무엇보다 좋아해요.

🔊 **I enjoy traveling more than anything.**
저는 여행하는 걸 무엇보다 좋아해요.

05 ~ is something I really enjoy.

~은/는 제가 정말 즐기는 것이에요.

🔊 **Jogging is something I really enjoy.**
조깅은 제가 정말 즐기는 것이에요.

🔊 **Gardening is something I really enjoy.**
정원 가꾸기는 제가 정말 즐기는 것이에요.

06 ~ is a big part of my life.

~은/는 제 인생에서 큰 부분을 차지해요.

🔊 **Music is a big part of my life.**
음악은 제 인생에서 큰 부분을 차지해요.

🔊 **My family is a big part of my life.**
가족은 제 인생에서 큰 부분을 차지해요.

07 I can't live without ~.

저는 ~없이[~지 않고는] 살 수 없어요.

🔊 **I can't live without reading books.**
저는 책을 읽지 않고는 살 수 없어요.

🔊 **I can't live without listening to music.**
저는 음악을 듣지 않고는 살 수 없어요.

Theme 011

08　I'm completely hooked on ~.

저는 ~에 완전히 빠져 있어요.

🔊 **I'm completely hooked on photography.**
저는 사진 찍기에 완전히 빠져 있어요.

🔊 **I'm completely hooked on playing soccer.**
저는 축구 하는 것에 완전히 빠져 있어요.

09　I'm addicted to ~.

저는 ~에 중독되어 있어요.

🔊 **I'm addicted to Instagram.**
저는 인스타그램에 중독되어 있어요.

🔊 **I'm addicted to watching Neflix.**
저는 넷플릭스 보는 것에 중독되어 있어요.

10　I can't stop V-ing.

저는 ~을/를 멈출 수가 없어요.

🔊 **I can't stop eating chocolate.**
저는 초콜릿 먹는 것을 멈출 수가 없어요.

🔊 **I can't stop playing mobile games.**
저는 모바일 게임하는 것을 멈출 수가 없어요.

📅 문장 속 단어 & 표현 총정리

01 big fan 큰 팬 (정말 좋아한다는 뜻) **02** classical music 클래식 음악, recipe 요리법 **03** basketball 농구, mystery novel 추리 소설 **04** paint 그림을 그리다 **05** garden 정원을 가꾸다 **06** family 가족 **07** listen to music 음악을 듣다 **08** be hooked 걸리다 **09** watch 보다 **10** play (mobile) games (모바일) 게임을 하다

Theme 012 싫어하는 것

패턴과 문장들을 3회독씩 학습하며 박스(□)에 체크 표시를 하고, 좌측의 음원 QR코드를 찍어 문장들을 듣고 따라 말하세요.

01 I dislike ~.

저는 ~을/를 싫어해요.

I dislike cold weather.
저는 추운 날씨를 싫어해요.

I dislike waiting in long lines.
저는 긴 줄 서는 것을 싫어해요.

02 I (really) don't like ~.

저는 ~을/를 (정말) 좋아하지 않아요.

I really don't like eating fish.
저는 생선 먹는 것을 정말 좋아하지 않아요.

I don't like watching horror movies.
저는 공포 영화를 보는 것을 좋아하지 않아요.

03 I'm (really) not fond of ~.

저는 ~을/를 (정말) 좋아하지 않아요.

I'm not fond of the cold.
저는 추운 것을 좋아하지 않아요.

I'm really not fond of loud music.
저는 시끄러운 음악을 정말 좋아하지 않아요.

04 I'm not too fond of ~.

저는 ~을 그다지 좋아하지 않아요.

🔊 **I'm not too fond of spicy food.**
저는 매운 음식을 그다지 좋아하지 않아요.

🔊 **I'm not too fond of rainy weather.**
저는 비 오는 날씨를 그다지 좋아하지 않아요.

05 I'm not a fan of ~ (at all).

저는 ~을/를 (전혀) 좋아하지 않아요.

🔊 **I'm not a fan of working overtime.**
저는 초과 근무하는 것을 좋아하지 않아요.

🔊 **I'm not a fan of crowded places at all.**
저는 붐비는 곳을 전혀 좋아하지 않아요.

06 I can't stand ~.

저는 ~을/를 참을 수가 없어요.

🔊 **I can't stand loud noises.**
저는 시끄러운 소리를 참을 수가 없어요.

🔊 **I can't stand rude people.**
저는 무례한 사람들을 참을 수가 없어요.

07 I find ~ annoying.

저는 ~이/가 짜증나요.

🔊 **I find noisy neighbors annoying.**
저는 시끄러운 이웃이 짜증나요.

🔊 **I find people who are always late annoying.**
저는 항상 늦는 사람들이 짜증나요.

08 I'm not interested in ~.

저는 ~에 관심이 없어요.

🔊 **I'm not interested in politics.**
저는 정치에 관심이 없어요.

🔊 **I'm not interested in social media.**
저는 소셜 미디어(SNS)에 관심이 없어요.

09 I can't help but dislike ~.

저는 ~을/를 싫어할 수밖에 없어요.

🔊 **I can't help but dislike traffic jams.**
저는 교통 체증을 싫어할 수밖에 없어요.

🔊 **I can't help but dislike the smell of cigarettes.**
저는 담배 냄새를 싫어할 수밖에 없어요.

10 I have no patience for ~.

저는 ~에 인내심이 없어요.

🔊 **I have no patience for people who gossip.**
저는 남 얘기하는 사람들에 인내심이 없어요.

🔊 **I have no patience for people who make excuses.**
저는 변명하는 사람들에 인내심이 없어요.

📅 문장 속 단어 & 표현 총정리

01 wait in long lines 긴 줄을 서서 기다리다 **02** horror movie 공포 영화
03 loud 시끄러운 **04** spicy 매운, rainy 비가 오는 **05** work overtime 추가 근무를 하다, crowded 붐비는 **06** noise 소음, rude 무례한 **07** neighbor 이웃
08 politics 정치 **09** traffic jam 교통 체증 **10** gossip 남 얘기를 하다, make excuses 변명하다

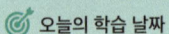

Theme 013 좋은 기분

MP3_013

패턴과 문장들을 3회독씩 학습하며 박스(□)에 체크 표시를 하고, 좌측의 음원 QR코드를 찍어 문장들을 듣고 따라 말하세요.

01 I feel ~.

저 ~하게 느껴요[저 ~(한 기분)이에요].

🔊 **I feel happy.**
저 행복해요.

🔊 **I feel wonderful.**
저 기분이 아주 좋아요.

02 I'm so ~!

저 정말 ~(한 기분)이에요!

🔊 **I'm so excited today!**
저 정말 오늘 신나요!

🔊 **I'm so proud of myself!**
저 정말 제 자신이 자랑스러워요!

02 I'm in a/an ~ mood.

저 ~한 기분이에요[저 기분이 ~해요].

🔊 **I'm in a good mood today.**
저 오늘 기분이 좋아요.

🔊 **I'm in a romantic mood tonight.**
저 오늘 밤은 로맨틱한 기분이에요.

04　I feel like ~.

저 ~인 것 같은 기분이에요.

🔊 **I feel like** I'm in paradise.
저 천국에 있는 것 같은 기분이에요.

🔊 **I feel like** everything is going well.
저 모든 일이 잘 풀리는 것 같은 기분이에요.

05　feel fantastic

기분이 끝내주다

🔊 **I feel fantastic** today!
저 오늘 기분이 끝내줘요!

🔊 **I feel fantastic** after the workout.
저는 운동하고 나면 기분이 끝내줘요.

06　feel so blessed to ~

~해서 정말 축복받은 기분이다

🔊 **I feel so blessed to** be alive.
살아있어서 정말 축복받은 기분이에요.

🔊 **I feel so blessed to** have such great friends.
이렇게 좋은 친구들이 있어서 정말 축복받은 기분이에요.

07　feel so lucky to ~

~해서 정말 운이 좋다

🔊 **I feel so lucky to** be here today.
오늘 여기 있을 수 있어서 정말 운이 좋아요.

🔊 **I feel so lucky to** have such supportive friends.
이렇게 지지해주는 친구들이 있어서 정말 운이 좋아요.

08 be full of joy

- 기쁨으로 가득 차다
- 🗣 **I'm full of joy** today!
  오늘은 기쁨으로 가득 차 있어요!
- 🗣 **I'm full of joy** after hearing the news.
  소식을 듣고 난 후 기쁨으로 가득 차 있어요.

09 walk on air

- 하늘을 나는 기분이다
- 🗣 **I'm walking on air** after the success.
  성공하고 나니 하늘을 나는 기분이에요.
- 🗣 **I'm walking on air** after winning the award.
  상을 받고 나니 하늘을 나는 기분이에요.

10 feel on top of the world

- 세상을 다 가진 기분이다
- 🗣 **I feel on top of the world** after the good news.
  좋은 소식을 듣고 나니 세상을 다 가진 기분이에요.
- 🗣 **I feel on top of the world** after winning.
  우승하고 나니 세상을 다 가진 기분이에요.

📅 문장 속 단어 & 표현 총정리

01 wonderful 아주 좋은 **02** excited 신나는, proud of ~ ~이/가 자랑스러운 **03** good 좋은, romantic 로맨틱한 **04** paradise 천국, everything 모든 것[일], go well 잘 되다 **05** workout 운동 **06** alive 살아있는 **07** such 정말/이렇게 (~한) **08** hear 듣다, news 소식 **09** win the award 상을 받다, 수상하다 **10** win 이기다

Theme 014 나쁜 기분

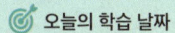

MP3_014

패턴과 문장들을 3회독씩 학습하며 박스(□)에 체크 표시를 하고, 좌측의 음원 QR코드를 찍어 문장들을 듣고 따라 말하세요.

01 feel upset

속상한 기분이다[속상하다]

I feel upset about the news.
그 소식에 대해 속상해요.

I feel upset because things didn't go as planned.
일이 계획대로 되지 않아서 속상해요.

02 feel uncomfortable

불편한 기분이다[불편하다]

I feel uncomfortable in large crowds.
저는 큰 군중 속에 있으면 불편해요.

I feel uncomfortable in unfamiliar places.
저는 낯선 곳에서는 불편한 기분이에요.

03 feel awkward

어색한 기분이다[어색하다]

I feel awkward when I'm around new people.
전 새로운 사람들 주위에 있으면 어색해요.

I feel awkward when there's silence in the room.
전 방 안에 침묵이 흐르면 어색해요.

04 feel helpless

무기력한 기분이다[무기력하다]

🔊 **I feel helpless** in this situation.
저는 이 상황에서 <u>무기력한 기분이에요</u>.

🔊 **I feel helpless** when things go wrong.
저는 일이 잘못되면 <u>무기력한 기분이 들어요</u>.

05 feel discouraged

낙담한 기분이다[낙담하다]

🔊 **I feel discouraged** after hearing that.
저 그 말을 듣고 <u>낙담했어요</u>.

🔊 **I feel discouraged** about my performance.
제 성과에 대해 <u>낙담한 기분이에요</u>.

06 feel stressed out

스트레스를 받다

🔊 **I'm feeling stressed out** because of work.
저 일 때문에 <u>스트레스를 받고 있어요</u>.

🔊 **I'm feeling stressed out** about the upcoming exam.
저 다가오는 시험 때문에 <u>스트레스를 받고 있어요</u>.

06 be in a gloomy mood

우울한 기분이다[우울하다]

🔊 **I've been in a gloomy mood** all day.
저 하루 종일 <u>우울한 기분이에요</u>.

🔊 **I'm in a gloomy mood** because of the weather.
저 날씨 때문에 <u>우울한 기분이에요</u>.

08 be in a slump

침체된[슬럼프가 온] 기분이다

🔊 **I feel like I'm in a slump** with my work.
저 일에 있어 슬럼프가 온 기분이에요.

🔊 **I feel like I'm in a slump** these days.
저 요즘 침체된 기분이에요.

09 be not in the best mood

최고의 기분이 아니다[기분이 별로다]

🔊 **I'm not in the best mood** today.
저 오늘은 기분이 별로예요.

🔊 **I'm not in the best mood** after the meeting.
저 회의 후에 기분이 별로예요.

10 be in a bad place

기분이 매우 나쁘다

🔊 **I'm in a bad place** right now.
저 지금 기분이 매우 나빠요.

🔊 **I'm in a bad place** after hearing that.
저 그 소식 듣고 나서 기분이 매우 나빠요.

📖 문장 속 단어 & 표현 총정리

01 thing 것[일], as planned 계획대로 **02** large 넓은[큰], crowd 군중, unfamiliar 낯선 **03** when ~일 때, silence 침묵 **04** situation 상황, go wrong 잘못되다 **05** performance 성과 **06** upcoming 다가오는, exam 시험 **07** all day 하루 종일, weather 날씨 **08** these days 요즘 **09** meeting 회의 **10** right now 지금 (당장)

Theme 015
좋은 컨디션

MP3_015

패턴과 문장들을 3회독씩 학습하며 박스(□)에 체크 표시를 하고, 좌측의 음원 QR코드를 찍어 문장들을 듣고 따라 말하세요.

01 feel refreshed

상쾌한 기분이다

I feel refreshed after a good night's sleep.
밤에 푹 자고 나서 상쾌한 기분이에요.

I feel refreshed after a refreshing shower.
상쾌한 샤워 후엔 상쾌한 기분이 들어요.

02 feel light and active

가볍고 활동적인 기분이다

I'm feeling light and active this morning!
오늘 아침은 가볍고 활동적인 기분이 들어요!

I'm feeling light and active after doing yoga.
요가를 하고 나면 가볍고 활동적인 기분이에요.

03 feel recharged

재충전된 기분이다

I'm feeling recharged after a good night's sleep.
밤에 푹 자고 나서 재충전된 기분이에요.

I'm feeling recharged after a weekend getaway.
주말 여행 후에 재충전된 기분이 들어요.

04 feel full of energy

에너지가 넘치다

🔊 **I feel full of energy** this morning!
오늘 아침은 에너지가 넘쳐요!

🔊 **I feel full of energy** after my workout.
운동 후에 에너지가 넘쳐요.

05 be in good shape

건강이 좋다

🔊 **I'm in good shape** thanks to my healthy diet.
건강한 식단 덕분에 건강이 좋아요.

🔊 **I'm in good shape** after a few months of training.
몇 달간 훈련하고 나니 건강이 좋아요.

06 feel fit and strong

건강하고 강한 기분이다

🔊 **I feel fit and strong** after my morning workout.
아침 운동 후 건강하고 강한 기분이 들어요.

🔊 **I feel fit and strong** thanks to my healthy eating.
건강한 식사[식습관] 덕에 건강하고 강한 기분이에요.

07 be in a great state of health

아주 좋은 건강 상태이다

🔊 **I'm in a great state of health** after exercising regularly.
규칙적인 운동 후 아주 좋은 건강 상태예요.

🔊 **I'm in a great state of health** and full of energy!
아주 좋은 건강 상태이고 에너지가 넘쳐요!

08 be at my best

최고의 상태이다

🔊 **I feel like I'm at my best** after a good rest.
푹 자고 나서 최고의 상태인 것 같아요.

🔊 **I feel like I'm at my best** after the relaxing vacation.
편안한 휴가 후 최고의 상태인 것 같아요.

09 be in peak condition

최상의 컨디션이다

🔊 **I'm in peak condition** and feeling great today.
오늘 최상의 컨디션이고 기분이 정말 좋아요.

🔊 **I'm in peak condition**, thanks to my daily workouts.
매일 운동한 덕에 최상의 컨디션이에요.

10 feel like a million bucks

상태가[기분이] 최고이다

🔊 **I feel like a million bucks** after my morning jog.
아침 조깅 후 기분이 최고예요.

🔊 **I feel like a million bucks** after a good night's rest.
밤에 잘 자고 나니 상태가 최고예요.

📅 문장 속 단어 & 표현 총정리

01 good night's sleep 밤에 푹 잔 것, refreshing 상쾌한 **02** this morning 오늘 아침 **03** weekend getaway 주말 여행 **04** workout 운동 **05** healthy diet 건강한 식단 **06** healthy eating 건강한 식사[식습관] **07** regularly 규칙적으로 **08** good rest 좋은 휴식[수면] **09** daily 매일의 **10** good night's rest 밤에 푹 쉰 것[잔 것]

Theme 016 나쁜 컨디션

패턴과 문장들을 3회독씩 학습하며 박스(□)에 체크 표시를 하고, 좌측의 음원 QR코드를 찍어 문장들을 듣고 따라 말하세요.

01 feel sick

아프다

🔊 **I'm feeling sick to my stomach.**
저 속[위장]이 아파요[불편해요].

🔊 **I'm feeling sick and have a headache.**
저 아프고 두통이 있어요.

02 feel nauseous

메스껍다

🔊 **I'm feeling nauseous from the heat.**
저 더위 때문에 속이 메스꺼워요.

🔊 **I'm feeling nauseous and need some water.**
저 메스꺼워서 물이 좀 필요해요.

03 feel sluggish

나른하다

🔊 **I feel sluggish and need to get moving.**
저 나른해서 움직여야 할 것 같아요.

🔊 **I feel sluggish after sitting for so long.**
오랫동안 앉아 있고 나니 나른해요.

04 feel run-down

피곤하다

🔊 I feel run-down after working long hours.
오래 일하고 나니 피곤해요.

🔊 I feel run-down and need some time to recover.
저 피곤해서 회복할 시간이 좀 필요해요.

05 feel exhausted

지치다

🔊 I feel exhausted after the long meeting.
긴 회의 후에 지쳤어요.

🔊 I feel exhausted and need to take a break.
저 지쳐서 잠깐 쉬어야겠어요.

06 feel mentally exhausted

정신적으로 지치다

🔊 I feel mentally exhausted from studying all night.
저 밤새 공부하고 나서 정신적으로 지쳐 있어요.

🔊 I feel mentally exhausted and need some time off.
전 정신적으로 지쳐서 쉴 시간이 필요해요.

07 feel burnt out

탈진하다[파김치가 되다]

🔊 I feel burnt out after working nonstop for days.
저 며칠 동안 쉬지 않고 일한 뒤 탈진했어요.

🔊 I feel burnt out and need a vacation.
저 파김치가 돼서 휴가가 필요해요.

08 feel drained

기운이 다 빠지다

🔊 I feel drained after working all day.
저 하루 종일 일하고 나서 기운이 다 빠졌어요.

🔊 I feel drained and need to take a nap.
저 기운이 다 빠져서 낮잠 자야 할 것 같아요.

09 be not feeling well

(현재) 몸이 안 좋다

🔊 I'm not feeling well and need to rest.
저 몸이 안 좋아서 쉬어야겠어요.

🔊 I'm not feeling well and need to go to the doctor.
저 몸이 안 좋아서 병원에 가야겠어요.

10 feel under the weather

몸[컨디션]이 좋지 않다

🔊 I'm feeling under the weather today.
저 오늘 몸이 좋지 않아요.

🔊 I feel under the weather, so I'm resting.
저 몸이 좋지 않아서 쉬고 있어요.

📅 문장 속 단어 & 표현 총정리

01 stomach 위장, headache 두통 02 nauseous 역겨운 03 sluggish 느린[굼뜬], get moving 움직이다 04 recover 회복하다 05 take a break 쉬다 06 study all night 밤새 공부하나, time off 쉴 시간 07 burnt out 극도로 피곤한, nonstop 쉬지 않고 08 take a nap 낮잠을 자다 09 rest 쉬다 10 be resting 쉬는 중이다

Theme 017 가족

🎧 MP3_017

패턴과 문장들을 3회독씩 학습하며 박스(□)에 체크 표시를 하고, 좌측의 음원 QR코드를 찍어 문장들을 듣고 따라 말하세요.

01 I'm ~ in my family.

저는 우리 가족 중 ~예요.

🔊 **I'm the oldest** in my family.
저는 우리 가족 중 맏이예요.

🔊 **I'm the youngest** in my family.
저는 우리 가족 중 막내예요.

02 I take after my ~.

저는 제 ~을/를 닮았어요.

🔊 **I take after my** mom in how I look.
저는 외모에서 제 엄마를 닮았어요.

🔊 **I take after my** father in terms of personality.
저는 성격 면에서 제 아빠를 닮았어요.

03 I have a small[big] family with ~.

저는 ~이/가 있는 소가족[대가족]이에요.

🔊 **I have a small family with** just my parents and me.
저는 부모님과 저만 있는 소가족이에요.

🔊 **I have a big family with** four siblings.
저는 네 명의 형제자매가 있는 대가족이에요.

04 I grew up with ~.

저는 ~와/과 함께 자랐어요.

🔊 **I grew up with** my grandparents.
저는 조부모님과 함께 자랐어요.

🔊 **I grew up with** my older brother.
저는 제 형과 함께 자랐어요.

05 I'm (very) close to ~.

저는 ~와/과 (매우) 가까워요.

🔊 **I'm close to** my younger brother.
저는 제 남동생과 가까워요.

🔊 **I'm very close to** my parents.
저는 제 부모님과 매우 가까워요.

06 I get along well with ~.

저는 ~와/과 잘 지내요.

🔊 **I get along well with** my dad.
저는 제 아빠와 잘 지내요.

🔊 **I get along well with** my older sister.
저는 제 언니와 잘 지내요.

07 I look up to ~.

저는 ~을/를 존경해요.

🔊 **I look up to** my dad for his wisdom.
저는 아빠의 지혜를 존경해요.

🔊 **I look up to** my mother for her strength.
저는 엄마의 강인함을 존경해요.

Theme 017

08　I take care of ~.

저는 ~을/를 돌봐요.

🔊 **I take care of** my younger brother.
저는 제 남동생을 돌봐요.

🔊 **I take care of** my younger sister when she's sick.
저는 제 여동생이 아플 때 제 여동생을 돌봐요.

09　I'm responsible for ~.

저는 ~에 책임이 있어요.

🔊 **I'm responsible for** taking care of my pets.
저는 제 애완동물을 돌보는 데 책임이 있어요.

🔊 **I'm responsible for** my children's education.
저는 제 아이들의 교육에 책임이 있어요.

10　We ~ as a family.

우리는 가족으로서[가족끼리] ~해요.

🔊 **We** support each other **as a family**.
우리는 가족끼리 서로를 지지해요.

🔊 **We** have dinner together **as a family** every evening.
우리는 가족끼리 매일 저녁 함께 저녁을 먹어요.

📅 문장 속 단어 & 표현 총정리

01 the oldest 맏이, the youngest 막내 **02** in terms of ~ ~면에서, personality 성격 **03** sibling 형제자매 **04** grandparents 조부모님, older brother 형[오빠] **05** younger brother 남동생 **06** older sister 언니[누나] **07** wisdom 지혜, strength 힘[강인함] **08** when ~ ~일 때 **09** pet 애완동물, education 교육 **10** support 지지하다

Theme 018 친구

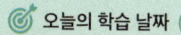

MP3_018

패턴과 문장들을 3회독씩 학습하며 박스(□)에 체크 표시를 하고, 좌측의 음원 QR코드를 찍어 문장들을 듣고 따라 말하세요.

01 I met my friend through ~.

저는 ~을/를 통해 제 친구를 만났어요.

I met my friend through a mutual friend.
저는 공통[서로 아는] 친구를 통해 제 친구를 만났어요.

I met my friend through a work colleague.
저는 직장 동료를 통해 제 친구를 만났어요.

02 I met my friend when I was ~.

저는 제가 ~일 때 제 친구를 만났어요.

I met my friend when I was in college.
저는 제가 대학을 다닐 때 제 친구를 만났어요.

I met my friend when I was 12 years old.
저는 제가 12살 때 제 친구를 만났어요.

03 We've been friends for ~/since ~.

우리는 ~동안/~때부터 친구예요.

We've been friends for 5 years.
우리는 5년 동안 친구예요.

We've been friends since high school.
우리는 고등학교 때부터 친구예요.

04 I've known ~ for ~.

저는 ~을/를 ~동안 알고 지냈어요.

🔊 **I've known** my friend **for** 10 years.
저는 제 친구를 10년 동안 알고 지냈어요.

🔊 **I've known** my best friend **for** my whole life.
저는 제 절친을 평생 동안 알고 지냈어요.

05 I consider ~ my best friend.

저는 ~을/를 제 절친이라 생각해요.

🔊 **I consider** Sarah **my best friend**.
저는 사라를 제 절친이라 생각해요.

🔊 **I consider** my childhood friend Jack **my best friend**.
저는 제 어릴 적 친구 잭을 제 절친이라 생각해요.

06 I trust ~ completely.

저는 ~을/를 완전히 신뢰해요.

🔊 **I trust** my friend **completely**, no matter what.
저는 뭐가 됐든 제 친구를 완전히 신뢰해요.

🔊 **I trust** Sarah **completely**, even with my secrets.
저는 사라를 완전히 신뢰해요, 제 비밀에 있어서도요.

07 ~ is always there for me.

~은/는 항상 제 곁에 있어요.

🔊 My friend **is always there for me** when I need help.
제가 도움이 필요할 때 제 친구는 항상 제 곁에 있어요.

🔊 Tom **is always there for me**, no matter what happens.
무슨 일이 있어도 탐은 항상 제 곁에 있어요.

08 We have a lot in common, like ~

우리는 ~같은 공통점이 많아요.

🔊 **We have a lot in common, like** our favorite foods.
우리는 좋아하는 음식 같은 공통점이 많아요.

🔊 **We have a lot in common, like** our taste in music.
우리는 음악 취향 같은 공통점이 많아요.

09 We share similar interests in ~.

우리는 ~에 대한 비슷한 관심사를 갖고 있어요.

🔊 **We share similar interests in** fashion.
우리는 패션에 대한 비슷한 관심사를 갖고 있어요.

🔊 **We share similar interests in** movies.
우리는 영화에 대한 비슷한 관심사를 갖고 있어요.

10 We've shared ~ together.

우리는 함께 ~을/를 나누었어요.

🔊 **We've shared** many memories **together**.
우리는 함께 많은 추억을 나누었어요.

🔊 **We've shared** a lot of secrets **together**.
우리는 함께 많은 비밀을 나누었어요.

📖 문장 속 단어 & 표현 총정리

01 mutual 공통의 **02** college 대학 **03** high school 고등학교 **04** whole life 평생 **05** childhood friend 어릴 적 친구 **06** no matter what 무엇이 됐든 **07** help 도움, no matter what happens 무슨 일이 있어도 **08** favorite 가장 좋아하는, food 음식, taste 취향 **09** similar 비슷한, interest 관심사 **10** memory 추억

Theme 019 연인

01 I've been dating ~.
저 ~와/과 사귀고 있어요.

🔊 **I've been dating someone special.**
저 특별한 사람과 사귀고 있어요.

🔊 **I've been dating someone from work.**
저 직장에서 누군가와 사귀고 있어요.

02 We've been together since ~.
우리는 ~부터 쭉 함께하고 있어요.

🔊 **We've been together since last summer.**
우리는 지난 여름부터 쭉 함께하고 있어요.

🔊 **We've been together since our first date.**
우리는 첫 데이트부터 쭉 함께하고 있어요.

03 We went on our first date at ~.
우리는 첫 데이트를 ~에서 했어요.

🔊 **We went on our first date at a coffee shop.**
우리는 첫 데이트를 카페에서 했어요.

🔊 **We went on our first date at the beach.**
우리는 첫 데이트를 해변에서 했어요.

04 I can't imagine my life without ~.

저는 ~없이 제 인생을 상상할 수 없어요.

🔊 **I can't imagine my life without her.**
저는 그녀 없이 제 인생을 상상할 수 없어요.

🔊 **I can't imagine my life without him** by my side.
저는 그가 제 옆에 없으면 제 인생을 상상할 수 없어요.

05 What I like about him/her is ~.

그/그녀의 매력은 바로 ~예요.

🔊 **What I like about her is** her smile.
그녀의 매력은 바로 그녀의 미소예요.

🔊 **What I like about him is** how kind he is.
그의 매력은 바로 그가 친절하다는 거예요.

06 I can be myself around ~.

~ 앞에선 나다울 수 있어요.

🔊 **I can be myself around** him.
그 앞에선 나다울 수 있어요.

🔊 I love how **I can be myself around** her.
그녀 앞에선 나다울 수 있다는 게 좋아요.

07 We argue sometimes, but ~.

우린 가끔 다투긴 하지만 ~.

🔊 **We argue sometimes, but** we always make up.
우린 가끔 다투긴 하지만, 항상 화해해요.

🔊 **We argue sometimes, but** we understand each other.
우린 가끔 다투긴 하지만, 서로를 이해해요.

08 He/She makes me ~.

그/그녀는 저를 ~하게 해 줘요.

🔊 **He makes me feel safe when I'm anxious.**
불안할 때 그는 저를 안심하게 해 줘요.

🔊 **I love how he makes me feel safe.**
저는 그녀가 저를 편하게 해주는 점이 좋아요.

09 I feel lucky to ~.

저는 ~해서 행운이에요.

🔊 **I feel lucky to have him in my life.**
저는 제 인생에 그가 있어서 행운이에요.

🔊 **I feel lucky to be with someone like her.**
저는 그녀 같은 사람과 함께라서 행운이에요.

10 give me butterflies

나를 설레게 하다

🔊 **Every time I see him, he gives me butterflies.**
내가 그를 볼 때마다, 그는 나를 설레게 해요.

🔊 **Even after months, she still gives me butterflies.**
몇 달이 지나도, 그녀는 여전히 나를 설레게 해요.

📅 문장 속 단어 & 표현 총정리

01 someone 누군가[사람] **02** last summer 지난 여름, first date 첫 데이트 **03** go on a first date 첫 데이트를 하다 **04** by my side 내 옆에 **05** smile 미소, kind 친절한 **06** myself 나 자신[스스로] **07** argue 다투다, make up 화해하다 **08** anxious 불안한, safe 안전한[(마음이) 편한] **09** lucky 행운(인) **10** butterfly 나비

Theme 020 동료

MP3_020

패턴과 문장들을 3회독씩 학습하며 박스(☐)에 체크 표시를 하고, 좌측의 음원 QR코드를 찍어 문장들을 듣고 따라 말하세요.

01 I've been working with ~ for[since] ~.

저는 ~와/과 ~동안[부터] 함께 일해 왔어요.

🔊 **I've been working with Jason for three years.**
저는 제이슨과 3년 동안 함께 일해 왔어요.

🔊 **I've been working with her since 2021.**
저는 그녀와 2021년부터 함께 일해 왔어요.

02 He/She is ~ to work with.

그/그녀는 함께 일하기 ~해요[~한 사람이에요].

🔊 **I like him because he is easy to work with.**
그는 함께 일하기 편한 사람이라 그가 좋아요.

🔊 **Honestly, she is hard to work with.**
솔직히, 그녀는 함께 일하기 까다로워요.

03 He/She is willing to ~.

그/그녀는 기꺼이 ~하려 해요.

🔊 **She is willing to step up when needed.**
필요할 때 그녀는 기꺼이 나서려 해요.

🔊 **He is willing to help others even when he's busy.**
바쁠 때에도 그는 기꺼이 다른 사람을 도와주려 해요.

04 He/She is my go-to person (for ~).

(~에 관해선) 그/그녀를 찾게 돼요.

🔊 **He's my go-to person for tech support.**
기술 지원[도움]에 관해선 그를 찾게 돼요.

🔊 **When I need advice, she's my go-to person.**
조언이 필요할 땐 그녀를 찾게 돼요.

05 I respect him/her as ~.

저는 그/그녀를 ~로서 존경해요.

🔊 **I respect him as a teammate.**
저는 그를 팀원으로서 존경해요.

🔊 **I respect her as a professional.**
저는 그녀를 프로[전문가]로서 존경해요.

06 I've learned a lot from ~.

저는 ~에게 많이 배웠어요.

🔊 **I've learned a lot from my senior colleague.**
저는 선배 동료에게 많이 배웠어요.

🔊 **I've learned a lot from working with her.**
저는 그녀와 일하는 것에서[일하면서] 많이 배웠어요.

07 build a strong bond

유대감을 쌓다

🔊 **We've built a strong bond through teamwork.**
우리는 팀워크를 통해 유대감을 쌓았어요.

🔊 **We're trying to build a strong bond as a team.**
우리는 팀으로서 유대감을 쌓으려 노력 중이에요.

08 have good chemistry

호흡이 잘 맞다

🔊 **We have good chemistry at work.**
우린 직장에서 호흡이 잘 맞아요.

🔊 **I have good chemistry with my teammates.**
저는 팀원들과 호흡이 잘 맞아요.

09 bring a lot to the team

팀에 큰 도움이 되다

🔊 **She brings a lot to the team with her creativity.**
그녀의 창의성은 팀에 큰 도움이 돼요.

🔊 **He brings a lot to the team through experience.**
그의 경험이 팀에 큰 도움이 돼요.

10 pull one's weight

자기 역할[몫]을 하다

🔊 **He quietly pulls his weight every time.**
그는 매번 묵묵히 자기 몫을 해내요.

🔊 **She always pulls her weight and more.**
그녀는 항상 자기 몫(을) 이상으로 해내요.

📅 문장 속 단어 & 표현 총정리

01 year 해[연] **02** easy 쉬운[편한], hard 어려운[까다로운] **03** step up 앞에 나서다, when needed 필요할 때 **04** go-to person (필요할 때) 찾는 사람, support 지원 **05** teammate 팀원, professional 전문가 **06** senior 선배 **07** as a team 팀으로서 **08** at work 직장에서 **09** creativity 창의성, experience 경험 **10** quietly 조용히, 묵묵히

Theme 020

Theme 021 일

01 I work at[for] ~.

저는 ~에서[~소속으로] 일해요.

I work at a small startup.
저는 작은 스타트업에서 일해요.

I work for a global brand.
저는 글로벌 브랜드 소속으로 일해요.

02 I work as ~.

저는 ~으로 일해요.

I work as a sales manager.
저는 영업 관리자로 일해요.

I work as a graphic designer.
저는 그래픽 디자이너로 일해요.

03 I'm in charge of ~.

저는 ~을/를 담당하고[맡고] 있어요.

I'm in charge of marketing.
저는 마케팅을 담당하고 있어요.

I'm in charge of client communication.
저는 고객 커뮤니케이션을 맡고 있어요.

04 My job involves ~.

제 일엔 ~이/가 (포함돼) 있어요.

🔊 **My job involves data analysis.**
제 일엔 데이터 분석이 포함돼 있어요.

🔊 **My job involves a lot of meetings.**
제 일엔 회의가 많이 있어요.

05 I start work[get off work] at ~.

저는 ~시에 일을 시작해요[퇴근해요].

🔊 **I usually start work at 9 a.m.**
저는 보통 오전 9시에 일을 시작해요.

🔊 **I get off work at 6 p.m.**
저는 오후 6시에 퇴근해요.

06 I'm satisfied with ~.

저는 ~에 만족해요.

🔊 **I'm satisfied with my job and team.**
저는 제 일과 팀에 만족해요.

🔊 **Overall, I'm satisfied with my job.**
전체적으로, 저는 제 일에 만족해요.

07 I take pride in ~.

저는 ~에 자부심이 있어요.

🔊 **I take pride in my work and achievements.**
저는 제 일과 성과에 자부심이 있어요.

🔊 **I always take pride in my work.**
저는 항상 제 일에 자부심을 갖고 있어요.

Theme 021

08 have a full-time job / work part time

정규직으로 일하다 / 파트타임으로 일하다

🔊 **I have a full-time job** at a design firm.
저는 디자인 회사에서 정규직으로 일해요.

🔊 **I work part-time** on weekends.
저는 주말에 파트타임으로 일해요.

09 work from home

재택근무를 하다

🔊 **I work from home** twice a week.
저는 주 2회 재택근무를 해요.

🔊 These days, **I work from home** full-time.
요즘, 저는 전면 재택근무를 하고 있어요.

10 call in sick

병가를 내다

🔊 I had a headache, so **I called in sick**.
저 두통이 있어서 병가를 냈어요.

🔊 My coworker **called in sick**, so I had to cover.
동료가 병가를 내서 제가 대신 일했어요.

📅 문장 속 단어 & 표현 총정리

01 startup 스타트업[신생 회사] **02** sales manager 영업 관리자 **03** client 고객 **04** analysis 분석, meeting 회의 **05** usually 보통[주로] **06** overall 전체적으로 **07** achievement 성취[성과] **08** firm 회사, weekend 주말 **09** twice 두 번, these days 요즘, full-time 풀타임[시간을 다 채워서] **10** headache 두통, cover 대신 (일)하다

Theme 022 학업

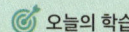

패턴과 문장들을 3회독씩 학습하며 박스(□)에 체크 표시를 하고, 좌측의 음원 QR코드를 찍어 문장들을 듣고 따라 말하세요.

01 I go to ~ University.

저는 ~대학교에 다녀요.

I go to Seoul National University.
저는 서울대학교에 다녀요.

I go to a local university in Busan.
저는 부산에 있는 지역 대학교에 다녀요.

02 I take ~ to school.

저는 ~을/를 타고 학교에 가요.

I take the subway to school every day.
저는 매일 지하철을 타고 학교에 가요.

I take a taxi to school when I'm late.
저는 지각할 땐 택시를 타고 학교에 가요.

03 I'm majoring in ~.

저는 ~을/를 전공하고 있어요.

I'm majoring in computer science.
저는 컴퓨터공학을 전공하고 있어요.

I'm majoring in business administration.
저는 경영학을 전공하고 있어요.

04 I'm taking a course on ~.

저는 ~(에 대한) 수업을 듣고 있어요.

🔊 **I'm taking a course on economics.**
저는 경제학 수업을 듣고 있어요.

🔊 **I'm taking a course on modern literature.**
저는 현대문학 수업을 듣고 있어요.

05 I submitted my ~.

저 ~을/를 제출했어요.

🔊 **I submitted my essay this morning.**
저 오늘 아침에 에세이를 제출했어요.

🔊 **I submitted my scholarship application.**
저 장학금 신청서를 제출했어요.

06 I plan to ~.

저는 ~할 계획이에요.

🔊 **I plan to attend graduate school.**
저는 대학원에 진학할 계획이에요.

🔊 **I plan to graduate next year and start working.**
저는 내년에 졸업하고 취업할 계획이에요.

07 pulled an all-nighter

밤을 새다

🔊 **I pulled an all-nighter at the library.**
저 도서관에서 밤을 샜어요.

🔊 **I pulled an all-nighter to finish my report.**
저 보고서 끝내려고 밤을 샜어요.

08 be behind on one's assignments

과제가 밀렸다

🔊 **I'm behind on my assignments** this week.
저 이번 주에 과제가 밀렸어요.

🔊 I can't go out. **I'm behind on my assignments.**
저 나갈 수 없어요. 과제가 밀렸거든요.

09 pass the exam / fail the exam

시험에 합격하다 / 시험을 망치다

🔊 I **passed the exam** with a good score.
저 좋은 점수로 시험에 합격했어요.

🔊 I **failed the exam** even though I studied.
저 공부했는데도 시험을 망쳤어요.

10 get a scholarship

장학금을 받다

🔊 I **got a scholarship** this semester.
저 이번 학기에 장학금을 받았어요.

🔊 I need to **get a scholarship** to pay tuition.
저 등록금을 내려면 장학금을 받아야 해요.

📖 문장 속 단어 & 표현 총정리

01 local 지역의 **02** late 늦은 **03** computer science 컴퓨터공학, business administration 경영학 **04** economics 경제, modern literature 현대문학 **05** scholarship 장학금, application 신청서 **06** graduate school 대학원, graduate 졸업하다 **07** finish 끝내다 **08** go out 나가다 **09** score 점수 **10** semester 학기, tuition 등록금

Theme 023 가치관

MP3_023

패턴과 문장들을 3회독씩 학습하며 박스(□)에 체크 표시를 하고, 좌측의 음원 QR코드를 찍어 문장들을 듣고 따라 말하세요.

01 I value ~.

저는 ~을/를 소중히 여겨요.

📢 **I value** happiness above all.
저는 무엇보다 행복을 소중히 여겨요.

📢 **I value** my family and their opinions.
저는 제 가족과 가족들의 의견을 소중히 여겨요.

02 I take ~ seriously.

저는 ~을/를 진지하게 생각해요.

📢 **I take** trust **seriously** in my relationships.
저는 관계에 있어 신뢰를 진지하게 생각해요.

📢 **I take** my health **seriously** and work out regularly.
저는 건강을 진지하게 생각해서 규칙적으로 운동해요.

03 I live by ~.

저는 ~을/를 따라 살아가요.

📢 **I live by** the principle of honesty.
저는 정직의 원칙을 따라 살아가요.

📢 **I live by** the belief that hard work pays off.
저는 노력은 결국 보상받는다는 믿음을 따라 살아가요.

04   I try to live by ~.

저는 ~을/를 따라 살려고 (노력)해요.

🔊 **I try to live by** my personal values.
저는 제 개인적인 가치를 따라 살려고 해요.

🔊 **I try to live by** a positive mindset.
저는 긍정적인 사고방식을 따라 살려고 해요.

05   I believe in ~.

저는 ~을/를 믿어요.

🔊 **I believe in** hard work and dedication.
저는 노력과 헌신을 믿어요.

🔊 **I believe in** the importance of communication.
저는 의사소통의 중요성을 믿어요.

06   I believe that ~.

저는 ~이라고 믿어요.

🔊 **I believe that** everything happens for a reason.
저는 모든 일엔 다 이유가 있다고 믿어요.

🔊 **I believe that** kindness can change the world.
저는 친절이 세상을 바꿀 수 있다고 믿어요.

07   I believe in the power of ~.

저는 ~의 힘을 믿어요.

🔊 **I believe in the power of** hard work.
저는 노력의 힘을 믿어요

🔊 **I believe in the power of** forgiveness.
저는 용서의 힘을 믿어요.

08 I stand by ~.

저는 ~을/를 지지해요.

🔊 **I stand by** the belief that happiness is a choice.
저는 행복은 선택이라는 믿음을 지지해요.

🔊 **I stand by** my values of hard work and integrity.
저는 노력과 진실성의 가치를 지지해요.

09 I'm convinced that ~.

저는 ~이라고 확신해요.

🔊 **I'm convinced that** kindness makes a big difference.
저는 친절이 큰 차이를 만든다고 확신해요.

🔊 **I'm convinced that** persistence leads to success.
저는 인내가 성공으로 이어진다고 확신해요.

10 I think ~ is the key to ~.

저는 ~이/가 ~의 열쇠라고 생각해요.

🔊 **I think** hard work **is the key to** success.
저는 노력이 성공의 열쇠라고 생각해요.

🔊 **I think** confidence **is the key to** success in life.
저는 자신감이 인생에서 성공의[하는] 열쇠라고 생각해요.

📅 문장 속 단어 & 표현 총정리

01 opinion 의견 **02** trust 신뢰, relationship 관계, work out 운동하다 **03** principle 원칙, honesty 정직, pay off (빚을) 갚다 **04** personal 개인적인, mindset 사고방식 **05** dedication 헌신 **06** kindness 친절 **07** forgiveness 용서 **08** integrity 진실성 **09** kindness 친절, difference 차이, persistence 인내 **10** confidence 자신감

Theme 024 꿈

🎯 오늘의 학습 날짜 ◯ 월 ◯ 일

🎧 MP3_024

패턴과 문장들을 3회독씩 학습하며 박스(☐)에 체크 표시를 하고, 좌측의 음원 QR코드를 찍어 문장들을 듣고 따라 말하세요.

01 My dream[goal] is to ~.

제 꿈은[목표는] ~하는 거예요.

🔊 **My dream is to travel the world.**
제 꿈은 세계를 여행하는 거예요.

🔊 **My goal is to improve my English.**
제 목표는 영어 실력을 향상시키는 거예요.

02 I've always wanted to ~.

저는 항상 ~하고 싶었어요.

🔊 **I've always wanted to study abroad.**
저는 항상 유학을 가고 싶었어요.

🔊 **I've always wanted to start a business.**
저는 항상 창업을 하고 싶었어요.

03 I'm working towards ~.

저는 ~을 향해[~하기 위해] 노력 중이에요.

🔊 **I'm working towards my dream job.**
저는 꿈의 직업을 향해 노력 중이에요.

🔊 **I'm working towards becoming a teacher.**
저는 교사가 되기 위해 노력 중이에요.

04　I want to do something that ~.

저는 ~한 일을 하고 싶어요.

🔊 **I want to do something that** makes me happy.
저는 저를 행복하게 만드는 일을 하고 싶어요.

🔊 **I want to do something that** helps people.
저는 사람들에게 도움이 되는 일을 하고 싶어요.

05　I used to dream of V-ing.

저는 한때 ~하는 걸 꿈꿨어요.

🔊 **I used to dream of** becoming an actor.
저는 한때 배우가 되는 걸 꿈꿨어요.

🔊 **I used to dream of** living in New York.
저는 한때 뉴욕에 사는 걸 꿈꿨어요.

06　I hope to ~ one day.

저는 언젠가 ~하길 바라요.

🔊 **I hope to** start my own business **one day**.
저는 언젠가 제 사업체를 갖길 바라요.

🔊 **I hope to** live by the ocean **one day**.
저는 언젠가 바닷가 근처에 살길 바라요.

07　I see myself as a/an ~ in the future.

미래의 저는 ~이/가 되어 있을 것 같아요.

🔊 **I see myself as** a designer **in the future**.
미래의 저는 디자이너가 되어 있을 것 같아요.

🔊 **I see myself as** a business owner **in the future**.
미래의 저는 사업주가 되어 있을 것 같아요.

08 I'm not giving up on ~.

저는 ~을/를 포기하지 않을 거예요.

🔊 **I'm not giving up on my dream.**
저는 제 꿈을 포기하지 않을 거예요.

🔊 **I'm not giving up on becoming a writer.**
저는 작가가 되는 것을 포기하지 않을 거예요.

09 I have a clear vision for ~.

저는 ~에 대한 뚜렷한 비전이 있어요.

🔊 **I have a clear vision for my future career.**
저는 제 커리어에 대한 뚜렷한 비전이 있어요.

🔊 **I have a clear vision for what I want to achieve.**
저는 제가 이루고 싶은 것에 대한 뚜렷한 비전이 있어요.

10 I believe in my potential to ~.

저는 ~할 수 있다는 제 가능성을 믿어요.

🔊 **I believe in my potential to grow.**
저는 성장할 수 있다는 제 가능성을 믿어요.

🔊 **I believe in my potential to achieve great things.**
저는 멋진 일을 해낼 수 있다는 제 가능성을 믿어요.

📅 문장 속 단어 & 표현 총정리

01 travel 여행하다, improve 향상시키다 **02** study abroad 유학하다, business 사업 **03** dream job 꿈의 직업[일], become ~이 되다 **04** help 돕다 **05** actor 배우 **06** ocean 바다[해양] **07** owner 소유주 **08** give up 포기하다, writer 작가 **09** achieve 이루다[성취하다] **10** potential 가능성, grow 성장하다, great 멋진[아주 좋은]

Theme 024 91

Theme 025 날씨

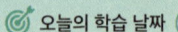

01 What's the weather like?

날씨 어때요?

What's the weather like today?
오늘 날씨 어때요?

What's the weather like in Seoul now?
지금 서울 날씨 어때요?

02 It's a/an ~ day, (isn't it?)

날씨가 ~해요, (안 그래요?)

It's a beautiful day, isn't it?
날씨가 정말 좋아요, 안 그래요?

It's a perfect day to go outside.
날씨가 밖에 나가기 정말 완벽해요.

03 The weather is perfect for ~.

~하기에 딱 좋은 날씨예요.

The weather is perfect for a picnic.
소풍 가기에 딱 좋은 날씨예요.

The weather is perfect for staying in.
집에 있기에 딱 좋은 날씨예요.

04 It's too ~ to ~.

- (날씨가) ~하기엔 너무 ~해요.
- **It's too hot to go out.**
  밖에 나가기엔 너무 더워요.
- **It's too cold to walk without a jacket.**
  재킷 없이 걷기엔 너무 추워요.

05 It feels like ~.

- (날씨가) ~처럼 느껴져요.
- **It feels like it's below zero.**
  (기온이) 영하처럼 느껴져요.
- **It feels like spring already.**
  벌써 봄(이 온 것)처럼 느껴져요.

06 It's getting ~.

- (날씨가) 점점 ~해지고 있어요.
- **It's getting really humid.**
  정말 점점 습해지고 있어요.
- **It's getting colder every day.**
  매일 점점 추워지고 있어요.

07 It looks like it's going to ~.

- (날씨가) ~할 것 같아 보여요.
- **It looks like it's going to rain.**
  비 올 것 같아 보여요.
- **It looks like it's going to snow later.**
  나중에 눈이 올 것 같아 보여요.

08 It's supposed to ~.

(날씨가) ~할 예정이래요.

🔊 **It's supposed to rain tomorrow.**
내일 비가 올 예정이래요.

🔊 **It's supposed to be sunny all weekend.**
주말 내내 맑을 예정이래요.

09 I can't believe how ~ it is.

(날씨가) 이렇게 ~하다니 믿기지 않아요.

🔊 **I can't believe how windy it is.**
이렇게 바람이 많이 불다니 믿기지 않아요.

🔊 **I can't believe how hot it is today.**
오늘 이렇게 덥다니 믿기지 않아요.

10 I wasn't expecting it to ~.

(날씨가) ~할 줄 몰랐어요.

🔊 **I wasn't expecting it to snow.**
눈이 올 줄 몰랐어요.

🔊 **I wasn't expecting it to be this cold.**
이렇게 추울 줄 몰랐어요.

📅 문장 속 단어 & 표현 총정리

01 weather 날씨 **02** beautiful 아름다운[정말 좋은], go outside 밖에 나가다 **03** picnic 소풍, stay in 안에[집에] 있다 **04** go out 나가다, hot 더운, cold 추운 **05** below zero 영하, already 이미 **06** humid 습한, every day 매일 **07** rain 비가 오다, snow 눈이 오다 **08** sunny 맑은 **09** windy 바람이 부는 **10** this cold 이렇게 추운

Theme 026 건강

패턴과 문장들을 3회독씩 학습하며 박스(□)에 체크 표시를 하고, 좌측의 음원 QR코드를 찍어 문장들을 듣고 따라 말하세요.

01 How are you feeling?

기분은[몸 상태는] 좀 어때요?

How are you feeling today?
오늘 기분은 좀 어때요?

How are you feeling after the flu?
감기 앓고 나서 몸 상태는 좀 어때요?

02 I'm great. / I'm not feeling well.

컨디션 좋아요. / 몸이 안 좋아요.

I'm great. Thanks for asking.
컨디션 좋아요. 물어봐 줘서 고마워요.

I think I'll rest. I'm not feeling well.
저 쉬어야 될 것 같아요. 몸이 안 좋아요.

03 I'm feeling much better.

훨씬 나아졌어요[좋아졌어요].

Don't worry. I'm feeling much better now.
걱정 마세요. 이제 훨씬 나아졌어요.

I'm feeling much better than yesterday.
어제보다 훨씬 좋아졌어요.

04 I'm cutting down on ~.

저는 ~(의 섭취)를 줄이고 있어요.

🔊 **I'm cutting down on junk food.**
저는 안 좋은 음식을 줄이고 있어요.

🔊 **I'm cutting down on sugar for my skin.**
저는 피부 때문에 설탕을 줄이고 있어요.

05 I take ~ every day.

저는 매일 ~을/를 복용해요[먹어요].

🔊 **I take vitamins every day after breakfast.**
저는 매일 아침 먹고 나서 비타민을 먹어요.

🔊 **I take omega-3 every day to stay healthy.**
저는 매일 건강을 위해 오메가3를 먹어요.

06 I'm trying to quit ~.

저는 ~을/를 끊으려 하고 있어요.

🔊 **I'm trying to quit drinking.**
저는 술을 끊으려 하고 있어요.

🔊 **I'm trying to quit smoking for my health.**
저는 건강을 위해 담배를 끊으려 하고 있어요.

07 eat healthy

건강하게 먹다

🔊 **I've been trying to eat healthy lately.**
최근 건강하게 먹으려고 노력 중이에요.

🔊 **I use a meal plan to help me eat healthy.**
저는 건강하게 먹기 위해 식단표를 써요.

08 lose (some) weight

살을 (좀) 빼다

🔊 I need to **lose some weight** before summer.
여름 오기 전에 살 좀 빼야겠어요.

🔊 I'm cutting carbs. I need to **lose some weight**.
탄수화물을 줄이는 중이에요. 살 좀 빼야 하거든요.

09 reduce stress

스트레스를 줄이다

🔊 I drink herbal tea to **reduce stress**.
저는 스트레스를 줄이려고 허브차를 마셔요.

🔊 I walk every evening to **reduce stress**.
저는 스트레스를 줄이려고 매일 저녁 산책해요.

10 have a check-up

건강검진을 받다

🔊 I just **had a check-up** last week.
저 지난주에 건강검진을 받았어요.

🔊 I just **had a check-up**, and everything's fine.
저 건강검진을 받았는데, 모두 괜찮대요.

📅 문장 속 단어 & 표현 총정리

01 flu 감기 **02** thank for ~ ~에 감사하다[고맙다] **03** worry 걱정하다 **04** junk food 정크푸드[안 좋은 음식], sugar 설탕 **05** stay healthy 건강을 유지하다 **06** drinking 음주, smoking 흡연 **07** lately 최근, meal plan 식단표 **08** carb(ohydrate) 탄수화물 **09** herbal tea 허브차, walk 걷다[산책하다] **10** last week 지난주, fine 괜찮은[좋은]

Theme 027 하루 일과

🎯 오늘의 학습 날짜 ◯ 월 ◯ 일

🎧 MP3_027

패턴과 문장들을 3회독씩 학습하며 박스(☐)에 체크 표시를 하고, 좌측의 음원 QR코드를 찍어 문장들을 듣고 따라 말하세요.

01 How was your day?

☐
☐   오늘 하루 어땠어요?
☐
📢 **How was your day at work?**
   직장에서 오늘 하루 어땠어요?

📢 **How was your day on your first day?**
   첫 출근(첫 수업)한 오늘 하루 어땠어요?

02 What did you do today?

☐
☐   오늘 뭐 했어요?
☐
📢 **What did you do today at home?**
   집에서 오늘 뭐 했어요?

📢 **What did you do today after work?**
   퇴근하고 오늘 뭐 했어요?

03 It was a (pretty) ~ day.

☐
☐   (꽤) ~한 하루였어요.
☐
📢 **It was a pretty productive day.**
   꽤 생산적인 하루였어요.

📢 **It was a normal day with work and dinner.**
   일하고 저녁 먹고 평범한 하루였어요.

04) Today felt ~.

오늘 하루가 ~하게 느껴졌어요.

🔊 **Today felt** really long.
오늘 하루가 정말 길게 느껴졌어요.

🔊 **Today felt** too short to get things done.
일을 끝내기엔 오늘 하루가 너무 짧게 느껴졌어요.

05) I spent the day with ~.

오늘 하루는 ~와/과 보냈어요.

🔊 **I spent the day with** my family.
오늘 하루는 가족들과 보냈어요.

🔊 **I spent the day with** some old friends.
오늘 하루는 몇몇 오랜 친구들과 보냈어요.

06) I spent most of the day V-ing.

하루 대부분을 ~하면서 보냈어요.

🔊 **I spent most of the day** studying.
하루 대부분을 공부하면서 보냈어요.

🔊 **I spent most of the day** cleaning the house.
하루 대부분을 집 청소하면서 보냈어요.

07) I didn't have time to ~ today.

오늘은 ~할 시간이 없었어요.

🔊 **I didn't have time to** relax **today**.
오늘은 쉴 시간이[틈이] 없었어요.

🔊 **I didn't have time to** eat lunch **today**.
오늘은 점심 먹을 시간이 없었어요.

Theme 027

08 had a busy[relaxing] day

바쁜[편안한] 하루를 보냈다

🔊 **I had a busy day full of meetings.**
회의로 가득 찬 바쁜 하루를 보냈어요.

🔊 **I had a relaxing day doing nothing.**
아무것도 안 하고 편안한 하루를 보냈어요.

09 didn't do much today

오늘은 별로 한 게 없다

🔊 **I didn't do much today. Just relaxed.**
오늘은 별로 한 게 없어요. 그냥 쉬었어요.

🔊 **I didn't do much today because I was tired.**
피곤해서 오늘은 별로 한 게 없어요.

10 barely had time to breathe

숨 쉴 틈도 없었다

🔊 **I barely had time to breathe between tasks.**
업무 사이사이 숨 쉴 틈도 없었어요.

🔊 **Things were so hectic, I barely had time to breathe.**
일이 너무 빡빡해서 숨 쉴 틈도 없었어요.

📅 문장 속 단어 & 표현 총정리

01 **first day** 첫 출근[수업] 02 **after work** 퇴근 후 03 **productive** 생산적인, **normal** 평범한 04 **get things done** 일을 끝내다 05 **old friend** 오랜 친구 06 **clean** 청소하다 07 **relax** 쉬다, **lunch** 점심(식사) 08 **meeting** 회의, **do nothing** 아무것도 안 하다 09 **tired** 피곤한 10 **breathe** 숨을 쉬다, **task** 업무[일], **hectic** 빡빡한

Theme 028 음식

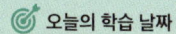

MP3_028

패턴과 문장들을 3회독씩 학습하며 박스(□)에 체크 표시를 하고, 좌측의 음원 QR코드를 찍어 문장들을 듣고 따라 말하세요.

01 Do you like ~ food (like ~)?

(~ 같은) ~한 음식 좋아해요?

Do you like spicy food like tteokbokki?
떡볶이 같은 매운 음식 좋아해요?

Do you like street food like hotteok?
호떡 같은 길거리 음식 좋아해요?

02 What's your favorite dish?

제일 좋아하는 음식은 뭐예요?

What's your favorite dish when you eat out?
외식할 때 제일 좋아하는 음식은 뭐예요?

What's your favorite dish to cook?
요리하기에 제일 좋아하는 음식은 뭐예요?

03 What did you eat for ~?

~으로 뭐 먹었어요?

What did you eat for breakfast today?
오늘 아침으로 뭐 먹었어요?

What did you eat for lunch at work?
회사에서 점심으로 뭐 먹었어요?

04 Do you want to try some of ~?

~ 좀 먹어 볼래요?

Do you want to try some of this cake?
이 케이크 좀 먹어 볼래요?

Do you want to try some of my noodles?
제 면 요리 좀 먹어 볼래요?

05 Do you want to order in?

배달시켜 먹을까요?

It's raining. **Do you want to order in?**
비가 오네요. 배달시켜 먹을까요?

I'm too tired to cook. **Do you want to order in?**
요리하기 귀찮은데. 배달시켜 먹을까요?

06 Let's grab something to eat.

우리 뭐 좀 먹으러 가요.

Let's grab something to eat before the movie.
영화 보기 전에 우리 뭐 좀 먹으러 가요.

I'm starving. **Let's grab something to eat.**
너무 배고파요. 우리 뭐 좀 먹으러 가요.

07 I had ~ for ~.

저는 ~으로 ~을/를 먹었어요.

I had dumplings **for** lunch.
저는 점심으로 만두를 먹었어요.

I had sushi **for** dinner last night.
어젯밤에 저는 저녁으로 초밥을 먹었어요.

08 I'm craving ~.

저 ~이/가 땡겨요.

🔊 **I'm craving something sweet.**
저 달달한 것이 땡겨요.

🔊 **I'm craving fried chicken tonight.**
저 오늘 밤엔 치킨이 땡겨요.

09 I'm not a fan of ~.

저는 ~(라는 음식)은 별로예요.

🔊 **I'm not a fan of raw fish.**
저는 생선회는 별로예요.

🔊 **I'm not a fan of greasy food.**
저는 기름진 음식은 별로예요.

10 I can't eat ~.

저는 ~은/는 못 먹어요.

🔊 **I can't eat dairy.**
저는 유제품은 못 먹어요.

🔊 **I can't eat anything too salty.**
저는 너무 짠 것은 못 먹어요.

📅 문장 속 단어 & 표현 총정리

01 spicy 매운, street food 길거리 음식 **02** eat out 외식하다, cook 요리하다 **03** breakfast 아침(식사), lunch 점심(식사) **04** noodles 국수[면 요리] **05** rain 비가 오다, tired 피곤한 **06** starving 몹시 배고픈 **07** dumpling 만두, sushi 초밥 **08** fried chicken 튀긴 치킨 요리 **09** raw fish 생선회, greasy 기름진 **10** dairy 유제품, salty 짠

Theme 029 음악

 오늘의 학습 날짜 ○월 ○일

MP3_029

패턴과 문장들을 3회독씩 학습하며 박스(□)에 체크 표시를 하고, 좌측의 음원 QR코드를 찍어 문장들을 듣고 따라 말하세요.

01 What kind of music do you like?

어떤 종류의 음악을 (듣기) 좋아해요?

What kind of music do you like the most?
어떤 종류의 음악을 가장 좋아해요?

What kind of music do you like when you study?
공부할 때 어떤 종류의 음악을 듣기 좋아해요?

02 Who's your favorite singer?

가장 좋아하는 가수는 누구예요?

Who's your favorite singer these days?
요즘 가장 좋아하는 가수는 누구예요?

Who's your favorite singer of all time?
역대 가장 좋아하는 가수는 누구예요?

03 Have you heard ~?

~을/를 들어봤어요?

Have you heard IU's latest single?
아이유 최신 싱글 들어봤어요?

Have you heard the new BTS song?
BTS 신곡 들어봤어요?

04 What's your go-to song when ~?

~일 때 찾아 듣는 노래는 뭐예요?

🔊 **What's your go-to song when you're sad?**
슬플 때 찾아 듣는 노래는 뭐예요?

🔊 **What's your go-to song when you're down?**
기분 꿀꿀할 때 찾아 듣는 노래는 뭐예요?

05 I'm into ~ these days.

저는 요즘 ~에 푹 빠져 있어요.

🔊 **I'm into indie bands these days.**
저는 요즘 인디 밴드에 푹 빠져 있어요.

🔊 **I'm into old pop songs these days.**
저는 요즘 올드팝에 푹 빠져 있어요.

06 I usually listen to music while ~.

저는 보통 ~하면서 음악 들어요.

🔊 **I usually listen to music while cooking.**
저는 보통 요리하면서 음악 들어요.

🔊 **I usually listen to music while walking.**
저는 보통 산책하면서 음악을 들어요.

07 I like ~ music in the morning[at night].

저는 아침엔[밤엔] ~한 음악이 좋아요.

🔊 **I like soft music in the morning.**
저는 아침엔 잔잔한 음악이 좋아요.

🔊 **I like relaxing music at night after a long day.**
긴 하루를 보낸 후 저는 밤엔 편안한 음악이 좋아요.

08　I made a playlist for ~.

저는 ~(전)용 플레이리스트를 만들었어요.

🔊 **I made a playlist for studying.**
저는 공부 전용 플레이리스트 만들었어요.

🔊 **I made a playlist for a road trip.**
저는 자동차 여행용 플레이리스트 만들었어요.

09　This song brings back memories of ~.

이 노래를 들으면 ~이/가 기억나요.

🔊 **This song brings back memories of high school.**
이 노래를 들으면 고등학교 시절이 기억나요.

🔊 **This song brings back memories of my first trip.**
이 노래를 들으면 첫 여행 때가 기억나요.

10　I grew up listening to ~.

저는 ~을/를 들으며 자랐어요.

🔊 **I grew up listening to 90s pop.**
저는 90년대 팝을 들으며 자랐어요.

🔊 **I grew up listening to trot with my grandparents.**
저는 조부모님과 트로트를 들으며 자랐어요.

📅 문장 속 단어 & 표현 총정리

01 the most 가장 02 these days 요즘, of all time 역대 03 latest 최신의 04 go-to song 찾아 듣는 노래, down 우울한[꿀꿀한] 05 old 오래된 06 cook 요리하다, walk 걷다[산책하다] 07 soft 부드러운[잔잔한], relaxing 편안한 08 study 공부하다, road trip (장거리) 자동차 여행 09 high school 고등학교 10 grandparents 조부모님

Theme 030 영화

MP3_030

패턴과 문장들을 3회독씩 학습하며 박스(□)에 체크 표시를 하고, 좌측의 음원 QR코드를 찍어 문장들을 듣고 따라 말하세요.

01 What kind of movies do you like?

어떤 종류의 영화 (보는 걸) 좋아해요?

What kind of movies do you like the most?
어떤 종류의 영화를 가장 좋아해요?

What kind of movies do you like on weekends?
주말에 어떤 종류의 영화 보는 걸 좋아해요?

02 Have you seen ~?

~(라는 영화) 봤어요?

Have you seen the new Batman movie?
새로 나온 배트맨 영화 봤어요?

Have you seen that Korean film on Netflix?
넷플릭스에 올라온 그 한국 영화 봤어요?

03 It's a must-see.

이건 꼭 봐야 할 영화예요.

It's a must-see for sci-fi fans.
SF 팬이라면 이건 꼭 봐 할 영화예요.

It's a must-see. Don't miss it.
이건 꼭 봐야 할 영화예요. 놓치지 마세요.

04 ~ was really good.

~이/가 정말 좋았어요.

🗣 **That movie was really good.**
영화가 정말 좋았어요.

🗣 **The acting was really good.**
연기가 정말 좋았어요.

05 It wasn't my type.

제 취향은 아니었어요.

🗣 **The movie was okay, but it wasn't my type.**
영화는 괜찮았는데, 제 취향은 아니었어요.

🗣 **It wasn't my type, but I finished it.**
제 취향은 아니었지만, 끝까지 봤어요.

06 based on a true story

실화를 바탕으로 한

🗣 **This movie is based on a true story.**
이 영화는 실화를 바탕으로 한 영화예요.

🗣 **I love films based on true stories.**
저는 실화를 바탕으로 한 영화를 좋아해요.

07 had a great twist

대단한 반전이 있었다

🗣 **The movie had a great twist at the end.**
그 영화 마지막에 대단한 반전이 있었어요.

🗣 **The story had a great twist I totally didn't expect.**
줄거리에 완전 예상 못 한 대단한 반전이 있었어요.

08 couldn't stop watching

눈을 뗄 수 없었다

🔊 **I couldn't stop watching once it started.**
영화가 시작하자마자 눈을 뗄 수 없었어요.

🔊 **The movie was so good, I couldn't stop watching.**
영화가 너무 재밌어서 눈을 뗄 수 없었어요.

09 cried at the end

마지막[끝] 부분에서 울었다

🔊 **I cried at the end of the movie.**
저는 영화 마지막 부분에서 울었어요.

🔊 **It was so touching, I cried at the end.**
너무 감동적이어서 저는 끝 부분에서 울었어요.

10 watched it more than once

그걸[영화를] 여러 번 (돌려)봤다

🔊 **I watched it more than once on Netflix.**
저 넷플릭스로 그거 여러 번 돌려봤어요.

🔊 **I watched it more than once with different people.**
저는 사람을 바꿔가며 그걸 여러 번 봤어요.

📅 문장 속 단어 & 표현 총정리

01 the most 가장 **02** film 영화 **03** must-see 꼭 봐야 할 것[영화], miss 놓치다 **04** movie 영화, acting 연기 **05** okay 괜찮은, finish 끝내다[끝까지 보다] **06** true story 실화 **07** totally 완전히, expect 예상하다 **08** once ~ ~하자마자, start 시작하다 **09** touching 감동적인 **10** with different people 다른 여러 사람들과[사람을 바꿔가며]

Theme 030

Theme 031

패션

MP3_031

패턴과 문장들을 3회독씩 학습하며 박스(□)에 체크 표시를 하고, 좌측의 음원 QR코드를 찍어 문장들을 듣고 따라 말하세요.

01 What are you wearing today?

오늘 뭐 입은 거예요[입을 거예요]?

🔊 **What are you wearing today?** It looks nice.
오늘 뭐 입은 거예요? 멋져 보여요

🔊 **What are you wearing today** for the party?
오늘 파티에서 뭐 입을 거예요?

02 What's your go-to outfit?

자주 즐겨 입는 옷이 뭐예요?

🔊 **What's your go-to outfit** for work?
회사 갈 때 자주 즐겨 입는 옷이 뭐예요?

🔊 **What's your go-to outfit** on weekends?
주말에 자주 즐겨 입는 옷이 뭐예요?

03 Where did you get ~?

~은/는 어디서 샀어요?

🔊 **Where did you get** that dress?
그 원피스는 어디서 샀어요?

🔊 **Where did you get** that jacket? It's so nice.
그 재킷은 어디서 샀어요? 진짜 예뻐요.

04 I wear mostly[always] ~.

저는 주로[항상] ~을/를 입어요.

🔊 **I wear mostly** black in winter.
저는 주로 겨울엔 검은색 옷을 입어요.

🔊 **I always wear** comfy clothes at home.
저는 항상 집에서는 편한 옷을 입어요.

05 I wear ~ almost every day.

저는 거의 매일 ~만 입어요.

🔊 **I wear** simple outfits **almost every day**.
저는 거의 매일 심플한 옷만 입어요.

🔊 **I wear** the same pair of shoes **almost every day**.
저는 거의 매일 같은 신발만 신어요.

06 ~ is totally my style.

~은/는 완전 제 스타일이에요.

🔊 That bag **is totally my style**.
저 가방 완전 제 스타일이에요.

🔊 That look **is totally my style** from head to toe.
저 차림새 머리부터 발끝까지 완전 제 스타일이에요.

07 ~ looks good on you.

~이/가 당신에게 잘 어울려요.

🔊 That jacket **looks good on you**.
그 재킷 당신에게 잘 어울려요.

🔊 Everything you wear **looks good on you**.
당신이 입는 건 다 당신에게 잘 어울려요.

08　~ really suits you.

~이/가 당신에게 찰떡이에요.

🔊 **That color really suits you.**
그 색 당신에게 찰떡이에요.

🔊 **Your makeup today really suits you.**
오늘 메이크업 당신에게 찰떡이에요.

09　go well with ~

~와/과 잘 어울리다[찰떡이다]

🔊 **That top goes well with your jeans.**
저 상의가 당신 청바지와 잘 어울리네요.

🔊 **That sweater goes well with your skirt.**
저 스웨터 당신 치마와 찰떡이네요.

10　throw something on

(대충) 아무거나 입다

🔊 **On lazy days, I just throw something on.**
귀찮은 날엔, 저는 그냥 아무거나 입어요.

🔊 **I threw something on because I was late.**
늦어서 대충 아무거나 입었어요.

📅 문장 속 단어 & 표현 총정리

01 nice 멋진[예쁜] 02 outfit 옷[의상] 03 dress 원피스, jacket 재킷 04 black 검은색 (옷), comfy 편안한, clothe 옷 05 pair of shoes 1켤레의 신발 06 from head to toe 머리부터 발끝까지 07 everything you wear 당신이 입는 모든 것 08 makeup 메이크업[화장] 09 top 상의, jeans 청바지, skirt 치마 10 lazy day 게으른 날, late 늦은

Theme 032
스포츠

패턴과 문장들을 3회독씩 학습하며 박스(☐)에 체크 표시를 하고, 좌측의 음원 QR코드를 찍어 문장들을 듣고 따라 말하세요.

01 Who's[What's] your favorite ~?

가장 좋아하는 ~은/는 누구[뭐]예요?

Who's your favorite soccer player?
가장 좋아하는 축구 선수는 누구예요?

What's your favorite baseball team?
가장 좋아하는 야구 팀은 뭐[어디]예요?

02 Do you root for ~?

~(라는 팀)을 응원하시나요?

Do you root for Manchester United?
맨유를 응원하시나요?

Do you root for your favorite player's team?
좋아하는 선수가 있는 팀을 응원하시나요?

03 Have you ever tried ~?

~(라는 스포츠) 해 본 적 있어요?

Have you ever tried surfing?
서핑해 본 적 있어요?

Have you ever tried rock climbing?
암벽등반해 본 적 있어요?

04 I'm a big fan of ~.

- 저는 ~(라는 스포츠/팀)의 열렬한 팬이에요.
- 🔊 **I'm a big fan of figure skating.**
  저는 피겨 스케이팅의 열렬한 팬이에요.
- 🔊 **I'm a big fan of the Lakers.**
  저는 레이커스의 열렬한 팬이에요.

05 I prefer A to B.

- 저는 B보다 A가 더 좋아요.
- 🔊 **I prefer soccer to baseball.**
  저는 야구보다 축구가 더 좋아요.
- 🔊 **I prefer indoor sports to outdoor ones.**
  저는 야외 스포츠보다 실내 스포츠가 더 좋아요.

06 I usually play ~.

- 저는 보통 ~(라는 스포츠)를 해요.
- 🔊 **I usually play tennis after work.**
  저는 보통 퇴근 후 테니스를 쳐요.
- 🔊 **I usually play soccer on weekends.**
  저는 보통 주말에 축구를 해요.

07 I go V-ing every ~.

- 저는 매 ~에[마다] ~하러 가요.
- 🔊 **I go jogging every morning.**
  저는 매(일) 아침 조깅하러 가요.
- 🔊 **I go swimming every weekend.**
  저는 매 주말마다 수영하러 가요.

08 I've been playing ~ for[since] ~.

저는 ~을/를 ~동안[부터] 해 오고 있어요.

🔊 **I've been playing basketball for 5 years.**
저는 농구를 5년 동안 하고 있어요.

🔊 **I've been playing tennis since college.**
저는 테니스를 대학 때부터 쳐 왔어요.

09 I started ~ when I was ~.

저는 ~일 때 ~을/를 시작했어요.

🔊 **I started swimming when I was 7.**
저는 7살 때 수영을 시작했어요.

🔊 **I started skiing when I was in high school.**
저는 고등학교 때 스키 타기를 시작했어요.

10 I injured my ~ while V-ing.

저는 ~하다가 ~을/를 다쳤어요.

🔊 **I injured my ankle while playing soccer.**
저는 축구하다가 발목을 다쳤어요.

🔊 **I injured my shoulder while swimming.**
저는 수영하다가 어깨를 다쳤어요.

📅 문장 속 단어 & 표현 총정리

01 player 선수, soccer 축구, baseball 야구 **02** root for ~ ~을 응원하다 **03** try 시도하다[해 보다], rock climbing 암벽등반 **04** figure skating 피겨 스케이팅 **05** indoor 실내의, outdoor 야외의 **06** play tennis 테니스를 치다 **07** jogging 조깅, swimming 수영 **08** college 대학 **09** ski 스키를 타다 **10** ankle 발목, shoulder 어깨

Theme 033

애완동물

MP3_033

패턴과 문장들을 3회독씩 학습하며 박스(□)에 체크 표시를 하고, 좌측의 음원 QR코드를 찍어 문장들을 듣고 따라 말하세요.

01 I have ~.

저는 ~(라는 동물)이 있어요[키워요].

I have a golden retriever.
저는 골든 리트리버를 키워요.

I have a cute little hamster.
저는 작고 귀여운 햄스터를 키워요.

02 I adopted him/her from ~.

저는 ~에서 우리 아이를[애완동물을] 입양했어요.

I adopted him from a shelter.
저는 보호소에서 우리 아이를 입양했어요.

I adopted her from a rescue center.
저는 구조 센터에서 우리 아이를 입양했어요.

03 He/She loves to ~.

우리 아이는 ~하는 걸 정말 좋아해요.

He loves to go for walks.
우리 아이는 산책하는 걸 정말 좋아해요.

She loves to chase birds.
우리 아이는 새를 쫓는 걸 정말 좋아해요.

04 He/She gets excited when ~.

우리 아이는 ~하면 신나해요.

🔊 **He gets excited when** I come home.
우리 아이는 제가 집에 오면 신나해요.

🔊 **She gets excited when** I grab the leash.
우리 아이는 제가 목줄만 잡으면 신나해요.

05 He/She is afraid of ~.

우리 아이는 ~을/를 무서워해요.

🔊 **He is afraid of** thunder.
우리 아이는 천둥소리를 무서워해요.

🔊 **She is afraid of** strangers.
우리 아이는 낯선 사람을 무서워해요.

06 He/She makes me ~.

우리 아이는 저를 ~하게 해요.

🔊 **He makes me** happy every day.
우리 아이는 매일 날 행복하게 해요.

🔊 **She makes me** smile when I'm down.
우리 아이는 제가 우울할 때 저를 미소 짓게 해요.

07 He/She is part of the family.

우리 아이는 가족의 일부예요.

🔊 **He is part of the family** now.
우리 아이는 이제 가족의 일부예요.

🔊 **She is not just a pet, she's part of the family.**
우리 아이는 그냥 애완동물이 아니라, 가족의 일부예요.

08 bark a lot

엄청[많이] 짖다

🔊 He barks a lot when he sees strangers.
우리 아이는 낯선 사람을 보면 엄청 짖어요.

🔊 She barks a lot at the delivery guy.
우리 아이는 택배 기사에게 엄청 짖어요.

09 shed a lot

털이 많이 빠지다

🔊 He sheds a lot in the spring.
우리 아이는 봄에 털이 많이 빠져요.

🔊 She sheds a lot, so I vacuum often.
우리 아이는 털이 많이 빠져서 제가 자주 청소해요.

10 make a mess sometimes

지저분하게[엉망진창으로] 만들다

🔊 He makes a mess when he eats.
우리 아이는 먹을 때 지저분하게 만들어요.

🔊 She makes a mess when she plays.
우리 아이는 놀다가 엉망진창으로 만들어요.

📅 문장 속 단어 & 표현 총정리

01 golden retriever 골든 리트리버, hamster 햄스터 **02** shelter 보호소, rescue center 구조 센터 **03** go for walks 산책하러 가다, chase 쫓다 **04** grab 쥐다[잡다], leash 목줄 **05** thunder 천둥소리, stranger 낯선 사람 **06** smile 미소 짓다 **07** pet 애완동물 **08** delivery guy 택배 기사 **09** vacuum (청소기로) 청소하다 **10** play 놀다

Theme 034 여행

MP3_034

패턴과 문장들을 3회독씩 학습하며 박스(□)에 체크 표시를 하고, 좌측의 음원 QR코드를 찍어 문장들을 듣고 따라 말하세요.

01 Have you ever been to ~?

~에 가본 적 있어요?

📢 **Have you ever been to Paris?**
파리에 가본 적 있어요?

📢 **Have you ever been to Jeju Island?**
제주도에 가본 적 있어요?

02 I'm planning a trip to ~.

저는 ~으로 여행 갈 계획이에요.

📢 **I'm planning a trip to Spain.**
저는 스페인으로 여행 갈 계획이에요.

📢 **I'm planning a trip to Europe for two weeks.**
저는 2주간 유럽으로 여행 갈 계획이에요.

03 I went to ~ this[last] year.

저는 올해[작년]에 ~에 갔어요.

📢 **I went to Thailand this year.**
저는 올해 태국에 갔어요.

📢 **I went to Italy last year with my family.**
저는 작년에 가족과 함께 이탈리아에 갔어요.

04 It was my first time in ~.

~에 간 건 처음이었어요.

🔊 **It was my first time in Italy.**
이탈리아에 간 건 처음이었어요.

🔊 **It was my first time in Japan, and I loved it.**
일본에 간 건 처음이었는데, 정말 좋았어요.

05 The view was ~.

경치가 ~했어요.

🔊 **The view was so peaceful by the lake.**
호숫가의 경치가 정말 평화로웠어요.

🔊 **The view was breathtaking from the top.**
정상에서 본 경치가 숨이 막힐 정도였어요.

06 The food was ~.

음식이 ~했어요.

🔊 **The food was amazing in Vietnam.**
베트남 음식이 정말 맛있었어요.

🔊 **The food was fresh at the local market.**
현지 시장 음식이 정말 신선했어요.

07 It was a/an ~ trip.

~한 여행이었어요.

🔊 **It was an unforgettable trip.**
잊을 수 없는 여행이었어요.

🔊 **It was a relaxing trip with my family.**
가족과 함께한 편안한 여행이었어요.

08 take (a lot of) pictures

사진을 (많이) 찍다

🔊 **We took a lot of pictures at the beach.**
우리는 해변에서 사진을 많이 찍었어요.

🔊 **We took a lot of pictures during the hike.**
우리는 등산하면서 사진을 많이 찍었어요.

09 go sightseeing (all day)

(하루 종일) 관광하다

🔊 **We went sightseeing all day in Rome.**
우리는 로마에서 하루 종일 관광했어요.

🔊 **We went sightseeing and took a lot of photos.**
우리는 관광하면서 사진도 많이 찍었어요.

10 try the local food

현지 음식을 먹어 보다

🔊 **We tried the local food at a night market.**
우리는 야시장에서 현지 음식을 먹어 봤어요.

🔊 **We tried the local food and loved it.**
우리가 현지 음식을 먹어 봤는데 너무 좋았어요.

📅 문장 속 단어 & 표현 총정리

01 Paris 파리, Jeju Island 제주도 **02** Spain 스페인, Europe 유럽 **03** Thailand 태국, Italy 이탈리아 **04** Japan 일본 **05** peaceful 평화로운, breathtaking 숨 막힐 정도로 멋진 **06** Vietnam 베트남, local market 현지 시장, fresh 신선한 **07** unforgettable 잊을 수 없는 **08** beach 해변, hike 등산 **09** Rome 로마 **10** night market 야시장

Theme 035 뉴스 & 이슈

MP3_035

패턴과 문장들을 3회독씩 학습하며 박스(☐)에 체크 표시를 하고, 좌측의 음원 QR코드를 찍어 문장들을 듣고 따라 말하세요.

01 Did you hear about ~?

~에 대해[~ 소식] 들었어요?

Did you hear about the train strike?
기차 파업 소식 들었어요?

Did you hear about the earthquake in Japan?
일본에서 일어난 지진 소식 들었어요?

02 I read an article about ~.

~에 관한 기사를 읽었어요.

I read an article about inflation rates.
물가 상승률에 관한 기사를 읽었어요.

I read an article about youth unemployment.
청년 실업에 관한 기사를 읽었어요.

03 ~ was all over the news.

~이/가 뉴스에 계속 나왔어요.

The protest was all over the news.
시위가 뉴스에 계속 나왔어요.

The factory explosion was all over the news.
공장 폭발 사고가 뉴스에 계속 나왔어요.

04 ~ is all over social media.

~이/가 SNS에 퍼졌어요.

🔊 **The subway fight clip is all over social media.**
지하철 싸움 영상이 SNS에 퍼졌어요.

🔊 **The school bullying case is all over social media.**
그 학교 폭력 사건이 SNS에 퍼졌어요.

05 ~ is all anyone is talking about.

모두 ~ 이야기만 하고 있어요.

🔊 **The election is all anyone is talking about.**
모두 선거 이야기만 하고 있어요.

🔊 **The celebrity scandal is all anyone is talking about.**
모두 그 연예인 스캔들 이야기만 하고 있어요.

06 ~ is a serious issue.

~은/는 심각한 문제예요.

🔊 **Gun violence is a serious issue.**
총기 폭력은 심각한 문제예요.

🔊 **Air pollution is a serious issue in many cities.**
많은 도시에서 대기 오염은 심각한 문제예요.

07 ~ affects everyone.

~은/는 모두에게 영향을 줘요.

🔊 **Rising prices affect everyone.**
물가 상승은 모두에게 영향을 줘요.

🔊 **Climate change affects everyone.**
기후 변화는 모두에게 영향을 줘요.

08 There's been a lot of debate about ~.

~에 대한 논란이 많아요.

🔊 **There's been a lot of debate about** animal testing.
동물 실험에 대한 논란이 많아요.

🔊 **There's been a lot of debate about** AI in education.
교육에서 AI 사용에 대한 논란이 많아요.

09 They should do something about ~.

~에 대해 뭔가 조치를 취해야 해요.

🔊 **They should do something about** homelessness.
노숙자 문제에 대해 뭔가 조치를 취해야 해요.

🔊 **They should do something about** the rising rent.
월세 상승 문제에 대해 뭔가 조치를 취해야 해요.

10 What's your opinion on ~?

~에 대한 당신 의견은 어때요?

🔊 **What's your opinion on** remote work?
재택근무에 대한 당신 의견은 어때요?

🔊 **What's your opinion on** the recent law change?
최근 법 개정에 대한 당신 의견은 어때요?

📅 문장 속 단어 & 표현 총정리

01 strike 파업, earthquake 지진 02 inflation rate 물가 상승률, unemployment 실업 03 protest 시위, explosion 폭발 04 bullying 폭력 05 election 선거, celebrity 연예인 06 violence 폭력, pollution 오염 07 climate 기후 08 education 교육 09 homelessness 노숙자(임), rent 월세 10 remote work 재택근무

Theme 036 마트

01 Where can I find ~?

~은/는 어디에 있나요?

🔊 **Where can I find the eggs?**
달걀은 어디에 있나요?

🔊 **Where can I find bottled water?**
생수는 어디에 있나요?

02 Do you have any ~?

~이/가 있나요?

🔊 **Do you have any fresh basil?**
신선한 바질이 있나요?

🔊 **Do you have any almond milk?**
아몬드 우유가 있나요?

03 I'm looking for ~.

~을/를 찾고 있어요.

🔊 **I'm looking for gluten-free bread.**
글루텐 프리 빵을 찾고 있어요.

🔊 **I'm looking for organic apples.**
유기농 사과를 찾고 있어요.

04 Can you help me find ~?

~을/를 찾는 걸 좀 도와주실 수 있나요?

🔊 **Can you help me find the soy sauce?**
간장을 찾는 걸 좀 도와주실 수 있나요?

🔊 **Can you help me find the rice section?**
쌀 코너를 찾는 걸 좀 도와주실 수 있나요?

05 ~ is out of stock.

~은/는 품절이에요.

🔊 **Sorry, the milk is out of stock.**
죄송하지만, 우유는 품절이에요.

🔊 **That item is out of stock right now.**
지금 그 제품은 품절이에요.

06 Can I try ~?

~을/를 시식해 봐도 되나요?

🔊 **Can I try this cheese?**
이 치즈를 시식해 봐도 되나요?

🔊 **Can I try this drink?**
이 음료를 시식[시음]해 봐도 되나요?

07 Is ~ on sale?

~은/는 세일 중인가요?

🔊 **Is this yogurt on sale?**
이 요거트는 세일 중인가요?

🔊 **Is this shampoo on sale?**
이 샴푸는 세일 중인가요?

08 Is there a discount for ~?

~에 대한 할인이 있나요?

🔊 **Is there a discount for buying in bulk?**
대량 구매(에 대한) 할인이 있나요?

🔊 **Is there a discount for members?**
회원(에 대한) 할인 있나요?

09 How much is ~?

~은/는 얼마예요?

🔊 **How much is this cheese?**
이 치즈는 얼마예요?

🔊 **How much is this pack of strawberries?**
이 딸기 한 팩은 얼마예요?

10 Do you have a ~ card?

~ 카드 있으신가요?

🔊 **Do you have a store card?**
매장 카드 있으신가요?

🔊 **Do you have a loyalty card for points?**
포인트 적립 카드 있으신가요?

📖 문장 속 단어 & 표현 총정리

01 egg 달걀, bottled water (뚜껑 달린) 생수 **02** fresh 신선한, milk 우유 **03** bread 빵, organic 유기농의 **04** soy sauce 간장 **05** out of stock 품절된, item 물건[제품] **06** try 시도[시식]하다 **07** on sale 세일 중인 **08** discount 할인, buy in bulk 대량으로 구매하다 **09** strawberry 딸기 **10** loyalty card (고객) 적립 카드

Theme 036 127

Theme 037
옷 가게

MP3_037

패턴과 문장들을 3회독씩 학습하며 박스(□)에 체크 표시를 하고, 좌측의 음원 QR코드를 찍어 문장들을 듣고 따라 말하세요.

01 Do you have this in ~?

이거 ~ 사이즈/색 있나요?

Do you have this in a medium?
이거 M 사이즈 있나요?

Do you have this in black?
이거 검은색 있나요?

02 What size is ~?

~은/는 사이즈가 어떻게 되나요?

What size is this skirt?
이 치마(는) 사이즈가 어떻게 되나요?

What size is this hoodie?
이 후드티(는) 사이즈가 어떻게 되나요?

03 Do you have any new arrivals (in ~)?

(~에) 신상품 있나요?

Do you have any new arrivals this week?
이번 주에 신상품 있나요?

Do you have any new arrivals in coats?
코트 신상품 있나요?

04 Can I try ~ on?

~을/를 입어 봐도 될까요?

🔊 **Can I try this on, please?**
이거 입어 봐도 될까요?

🔊 **Can I try this on in the fitting room?**
이거 피팅룸에서 입어 봐도 돼요?

05 ~ fits well (on me).

~이/가 (저한테) 잘 맞아요.

🔊 **This jacket fits well.**
이 재킷(이) 잘 맞아요.

🔊 **The dress fits well on me.**
이 원피스(가) 저한테 잘 맞아요.

06 ~ don't/doesn't fit (me).

~이/가 (저한테) 안 맞아요.

🔊 **These pants don't fit.**
이 바지(가) 안 맞아요.

🔊 **The shirt doesn't fit me.**
이 셔츠(가) 저한테 안 맞아요.

07 ~ is/are too tight[loose].

~이/가 너무 꽉 껴요[헐렁해요].

🔊 **The sleeves are too tight.**
소매가 너무 꽉 껴요.

🔊 **The jeans are too loose on the waist.**
청바지가 허리 쪽이 너무 헐렁해요.

Theme 037

08 ~ looks good on you.

- ~이/가 잘 어울리세요.

- 🗣 **That dress looks good on you.**
  그 원피스(가) 잘 어울리세요.

- 🗣 **That color looks good on you.**
  그 색깔(이) 잘 어울리세요.

09 Can I get a refund (for ~)?

- (~이/가) 환불되나요?

- 🗣 **Can I get a refund for this jacket?**
  이 재킷 환불되나요?

- 🗣 **If it doesn't fit, can I get a refund?**
  안 맞으면 환불되나요?

10 Can I exchange this (for ~)?

- 이거 (~으로) 교환할 수 있나요?

- 🗣 **Can I exchange this for a smaller size?**
  이거 더 작은 사이즈로 교환할 수 있나요?

- 🗣 **Can I exchange this if it's damaged?**
  제품에 문제 있으면 이거 교환할 수 있나요?

📅 문장 속 단어 & 표현 총정리

01 **medium** 중간의 02 **hoodie** 후드티 03 **new arrival** 신상품, **this week** 이번 주 04 **fitting room** 피팅룸(옷을 입어 보는 공간) 05 **dress** 원피스 06 **pants** 바지, **shirt** 셔츠 07 **sleeve** 소매, **jeans** 청바지, **waist** 허리 08 **look good** 좋게 보이다[잘 어울리다] 09 **refund** 환불, **fit** 맞다 10 **exchange** 교환하다, **damaged** 손상된[문제 있는]

Theme 038 신발 가게

패턴과 문장들을 3회독씩 학습하며 박스(□)에 체크 표시를 하고, 좌측의 음원 QR코드를 찍어 문장들을 듣고 따라 말하세요.

01 Do you have this in size ~?

이거 ~ 사이즈 있나요?

Do you have this in size 8?
이거 8 사이즈 있나요?

Do you have this in size 250?
이거 250 사이즈 있나요?

02 Can I try these on?

이거 신어 봐도 되나요?

Can I try these on in a different size?
이거 다른 사이즈로 신어 봐도 되나요?

Can I try these on and walk a little?
이거 신어 보고 잠깐 걸어봐도 될까요?

03 They're too tight/[loose].

이거 너무 꽉 껴요[헐렁해요].

They're too tight on my feet.
이거 제 발에 너무 꽉 껴요.

They're too loose to walk comfortably.
이거 편하게 걷기엔 너무 헐렁해요.

04 Is this waterproof for ~?

이거 ~에[일 때] 방수되나요?

🔊 **Is this waterproof for rainy days?**
이거 비 오는 날에 방수되나요?

🔊 **Is this waterproof for hiking in wet areas?**
이거 젖은 곳에서 등산할 때 방수되나요?

05 Do you have insoles for these ~?

이 ~에 맞는 깔창 있나요?

🔊 **Do you have insoles for these sneakers?**
이 운동화에 맞는 깔창 있나요?

🔊 **Do you have insoles for these boots?**
이 부츠에 맞는 깔창 있나요?

06 I'll take these in ~.

이거 ~사이즈/색으로 할게요.

🔊 **I'll take these in size 7.**
이거 7사이즈로 할게요.

🔊 **I'll take these in black.**
이거 검정색으로 할게요.

07 How much are these ~?

이 ~은/는 얼마예요?

🔊 **How much are these boots?**
이 부츠(는) 얼마예요?

🔊 **How much are these sandals?**
이 샌들(은) 얼마예요?

08 Are these ~ on sale?

이 ~은/는 세일하나요?

🔊 **Are these sneakers on sale?**
이 운동화(는) 세일하나요?

🔊 **Are these shoes on sale this week?**
이번 주에 이 신발(은) 세일하나요?

09 These/Those ~ look good on you.

이/그 ~이/가 잘 어울리세요.

🔊 **These boots look good on you.**
이 부츠(가) 잘 어울리세요.

🔊 **Those heels look good on you.**
그 하이힐(이) 정말 잘 어울리세요.

10 I'm just looking, thanks.

그냥 둘러보는 중이에요.

🔊 **I'm just looking, thanks.**
그냥 둘러보는 중이에요, 고마워요.

🔊 **I'll let you know if I need help. I'm just looking.**
도움 필요하면 말씀드릴게요. 그냥 둘러보는 중이에요.

📅 문장 속 단어 & 표현 총정리

01 size 사이즈[크기] **02** different size 다른 사이즈, walk a little 약간[잠깐] 걷다 **03** feet 발, comfortably 편하게 **04** waterproof 방수가 되는, rainy 비가 오는, wet 젖은, area 지역[곳] **05** sneakers 운동화 **06** black 검은(색) **07** sandals 샌들 **08** on sale 세일 중인 **09** heels 하이힐 **10** let ~ know ~에게 알려 주다

Theme 038   133

Theme 039 안경점

01 I'd like to get an eye exam.
시력 검사를 받고 싶어요.

I'd like to get an eye exam today.
오늘 시력 검사를 받고 싶어요.

I'd like to get an eye exam before choosing glasses.
안경 고르기 전에 시력 검사를 받고 싶어요.

02 Do you have this frame in ~?
이 안경테 ~ 색 있어요?

Do you have this frame in black?
이 안경테 검정색 있어요?

Do you have this frame in gold?
이 안경테 금색 있어요?

03 I prefer ~ frames.
저는 ~ 프레임을[테를] 선호해요.

I prefer round frames.
저는 둥근 테를 선호해요.

I prefer square frames over round ones.
저는 둥근 것보다 각진 테를 선호해요.

04 I need new lenses.

- 새 렌즈가 필요해요.
- **I need new lenses** for my old frame.
  기존 프레임에 새 렌즈가 필요해요[끼우고 싶어요].
- **I need new lenses** with anti-glare coating.
  반사 방지 코팅된 새 렌즈가 필요해요.

05 How do ~ look on me?

- ~이/가 저한테 어때 보여요?
- **How do** these **look on me?**
  이거 저한테 어때 보여요?
- **How do** the round frames **look on me?**
  둥근 테가 저한테 어때 보여요?

06 These (glasses) keep slipping down.

- 이게 자꾸 흘러내려요.
- **These glasses keep slipping down** my nose.
  이게 자꾸 코에서 흘러내려요.
- **These keep slipping down** when I look down.
  고개를 숙이면 이게 자꾸 흘러내려요.

07 Can you adjust these?

- 이것 좀 조절해 주실 수 있나요?
- **Can you adjust these** for a better fit?
  이것 좀 더 잘 맞게 조절해 주실 수 있나요?
- **Can you adjust these** so they don't slide?
  이것 좀 흘러내리지 않게 조절해 주실 수 있나요?

08 Do you offer same-day service?

~을/를 찾으러 왔어요. 당일 제작되나요[제작 가능한가요]?

🔊 **Do you offer same-day service for glasses?**
안경 당일 제작되나요?

🔊 **Do you offer same-day service for prescriptions?**
도수 맞춘 안경 당일 제작 가능한가요?

09 I'm here to pick up ~.

~을/를 찾으러 왔어요.

🔊 **I'm here to pick up my new glasses.**
새 안경을 찾으러 왔어요.

🔊 **I'm here to pick up the order from yesterday.**
어제 주문한 것을 찾으러 왔어요.

10 Do you repair ~?

~을/를 수리해 주시나요?

🔊 **Do you repair broken hinges?**
고장 난 안경을 수리해 주시나요?

🔊 **Do you repair bent frames?**
휘어진 프레임을 수리해 주시나요?

📅 문장 속 단어 & 표현 총정리

01 eye exam 시력 검사 **02** frame 테 **03** round 둥근, square 각진 **04** anti-glare 반사 방지 **05** round frame 둥근 테 **06** slip down 흘러내리다 **07** adjust 조정[조절]하다, fit 맞다 **08** same-day service 당일 (제작) 서비스, prescriptions 맞춤[도수 맞춘] 안경 **09** order 주문한 것 **10** broken 고장 난, bent 구부러진

Theme 040 식당

🎯 오늘의 학습 날짜 ◯ 월 ◯ 일

🎧 MP3_040

패턴과 문장들을 3회독씩 학습하며 박스(☐)에 체크 표시를 하고, 좌측의 음원 QR코드를 찍어 문장들을 듣고 따라 말하세요.

01 Table for ~, please.

~명 자리 주세요[부탁드립니다].

📢 **Table for two, please.**
두 명 자리 부탁드립니다.

📢 **Table for four, please.**
네 명 자리 부탁드립니다.

02 Can I see ~, please?

~을/를 좀 볼 수 있을까요?

📢 **Can I see the menu, please?**
메뉴판 좀 볼 수 있을까요?

📢 **Can I see the dessert menu, please?**
디저트 메뉴도 좀 볼 수 있을까요?

03 What do you recommend for ~?

~으로[~에게] 뭘 추천하시나요?

📢 **What do you recommend for lunch?**
점심 메뉴로 뭘 추천하시나요?

📢 **What do you recommend for first-timers?**
처음 온 손님에게 뭘 추천하시나요?

04 I'd like to order ~.

~을/를 주문하고 싶어요.

🔊 **I'd like to order** the steak.
스테이크를 주문하고 싶어요.

🔊 **I'd like to order** a salad.
샐러드를 주문하고 싶어요.

05 Can I get this without ~?

이거 ~ 빼고 받을 수 있을까요?

🔊 **Can I get this without** onions?
이거 양파 빼고 받을 수 있을까요?

🔊 **Can I get this without** cheese?
이거 치즈 빼고 받을 수 있을까요?

06 I'm allergic to ~.

저는 ~ 알레르기가 있어요.

🔊 **I'm allergic to** peanuts.
저는 땅콩 알레르기가 있어요.

🔊 **I'm allergic to** shellfish.
저는 갑각류 알레르기가 있어요.

07 Can I change my order?

주문 변경 가능한가요?

🔊 **Can I change my order** to chicken?
닭고기로 주문 변경 가능한가요?

🔊 **Can I change my order** before it's made?
아직 만들기 전이면 주문 변경 가능한가요?

08 ~ tastes great!

- ~이/가 정말 맛있어요!
- **This pasta tastes great!**
  이 파스타 정말 맛있어요.
- **The soup tastes great today!**
  오늘 수프 정말 맛있네요!

09 Can I get ~ to go?

- ~을/를 포장해 주실 수 있나요?
- **Can I get the rest to go, please?**
  남은 거 포장해 주실 수 있나요?
- **Can I get everything to go?**
  전부 포장해 주실 수 있나요?

10 Can I get the check, please?

- 계산서 좀 주시겠어요?
- **Excuse me, can I get the check, please?**
  저기요, 계산서 좀 주시겠어요?
- **We're done. Can I get the check, please?**
  저희 다 먹었어요. 계산서 좀 주시겠어요?

📆 문장 속 단어 & 표현 총정리

01 table (식당의) 자리 **02** dessert 디저트 **03** first-timer 처음 오는[해 보는] 사람 **04** steak 스테이크 **05** onion 양파, cheese 치즈 **06** peanut 땅콩, shellfish 조개류[갑각류] **07** chicken 닭고기 **08** great (맛이) 정말 좋은[끝내주는] **09** rest 남은 것[음식], everything 모두[다] **10** check 계산서, be done 다 끝내다[다 먹다]

Theme 040

Theme 041 카페

01 Can I get a/an ~, please?

- ~ 하나 주실 수 있나요?
- 🔊 **Can I get a latte, please?**
  라떼 하나 주실 수 있나요?
- 🔊 **Can I get a black coffee, please?**
  블랙커피 하나 주실 수 있나요?

02 What's the most popular ~ here?

- 여기서 가장 인기 있는 ~은/는 뭐예요?
- 🔊 **What's the most popular coffee here?**
  여기서 가장 인기 있는 커피는 뭐예요?
- 🔊 **What's the most popular tea here?**
  여기서 가장 인기 있는 차는 뭐예요?

03 I'll have a/an ~.

- ~ 한 잔 주문할게요.
- 🔊 **I'll have a cappuccino.**
  카푸치노 한 잔 주문할게요.
- 🔊 **I'll have a green tea.**
  녹차 한 잔 주문할게요.

04 Can I get an extra shot?

샷 하나 추가해 주실 수 있나요?

🔊 **Can I get an extra shot in my latte?**
라떼에 샷 하나 추가해 주실 수 있나요?

🔊 **Can I get an extra shot of espresso?**
에스프레소 샷 하나 추가해 주실 수 있나요?

05 Can I get this with ~?

이거 ~으로 해 주실 수 있나요?

🔊 **Can I get this with oat milk?**
이거 오트밀크로 해 주실 수 있나요?

🔊 **Can I get this with no sugar?**
이거 설탕 없이 해 주실 수 있나요?

06 Do you have a decaf option for ~?

~ 디카페인 있나요?

🔊 **Do you have a decaf option for the latte?**
라떼 디카페인 있나요?

🔊 **Do you have a decaf option for cold brew?**
콜드브루 디카페인 있나요?

07 Can I get ~ iced?

아이스 ~ 가능한가요?

🔊 **Can I get the Americano iced?**
아이스 아메리카노 가능한가요?

🔊 **Can I get a caramel macchiato iced?**
아이스 카라멜 마키아또 가능한가요?

Theme 041

08　Can I have ~ with less[more] ice?

- ~에 얼음 좀 적게[더 많이] 넣어 주실래요?
- 🔊 **Can I have my iced coffee with less ice?**
  아이스 커피에 얼음 좀 적게 넣어 주실래요?

- 🔊 **Can I have the juice with more ice?**
  주스에 얼음 좀 더 많이 넣어 주실래요?

09　Can I get a cup of ~?

- ~ 한 잔 받을 수 있을까요?
- 🔊 **Can I get a cup of water with my drink?**
  음료와 함께 물 한 잔 받을 수 있을까요?

- 🔊 **Can I get a cup of hot water, please?**
  따뜻한 물 한 잔 받을 수 있을까요?

10　To go, please. / For here, please.

- 포장해 주세요. / 매장에서 먹을게요.
- 🔊 **Just the coffee to go, please.**
  커피만 포장해 주세요.

- 🔊 **I'll have the muffin for here, please.**
  머핀은 매장에서 먹을게요.

📅 문장 속 단어 & 표현 총정리

01 latte 라떼, black coffee 블랙커피 **02** tea 차 **03** cappuccino 카푸치노, green tea 녹차 **04** espresso 에스프레소 **05** sugar 설탕 **06** decaf 디카페인[카페인을 제거한 것]인 **07** Americano 아메리카노, caramel macchiato 카라멜 마키아또 **08** iced 아이스의[아이스로 된] **09** hot water 따뜻한 물 **10** muffin 머핀

Theme 042 술집

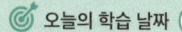

🎧 MP3_042

패턴과 문장들을 3회독씩 학습하며 박스(□)에 체크 표시를 하고, 좌측의 음원 QR코드를 찍어 문장들을 듣고 따라 말하세요.

01 Can I see the drink menu?

주류 메뉴 좀 볼 수 있을까요?

📢 **Excuse me, can I see the drink menu?**
실례합니다, 주류 메뉴 좀 볼 수 있을까요?

📢 **Can I see the drink menu before ordering?**
주문 전에 주류 메뉴 좀 볼 수 있을까요?

02 What do you recommend for ~?

~에[으로는] 뭐 추천하세요?

📢 **What do you recommend for cocktails?**
칵테일 중에 뭐 추천하세요?

📢 **What do you recommend for a light drink?**
가벼운 술로는 뭐 추천하세요?

03 I'll have a pint of ~.

(맥주) ~ 1파인트[한 잔] 주문할게요.

📢 **I'll have a pint of Guinness.**
기네스 한 잔 주문할게요.

📢 **I'll have a pint of IPA.**
IPA 한 잔 주문할게요.

04 Can I get ~ on the rocks?

~ 온더락[얼음 넣은 것]으로 주시겠어요?

🔊 **Can I get a whiskey on the rocks, please?**
위스키 온더락으로 주시겠어요?

🔊 **Can I get a Jameson on the rocks?**
제임슨 온더락으로 주시겠어요?

05 Can I get something ~?

~한 걸로 주시겠어요?

🔊 **Can I get something strong?**
도수 센 걸로 주시겠어요?

🔊 **Can I get something light, like a cider?**
사이다 같은 가벼운 걸로 주시겠어요?

06 Do you serve food here?

여기 음식도 하나요[나오나요]?

🔊 **Do you serve food here, or just drinks?**
여기 음식도 하나요, 아니면 주류만 파나요?

🔊 **Do you serve food here with drinks?**
여기 술과 함께 음식도[안주도] 나오나요?

07 Let's do a round of ~.

~ 한 잔씩 돌립시다.

🔊 **Let's do a round of tequila shots.**
테킬라 샷 한 잔씩 돌립시다.

🔊 **Let's do a round of beers.**
맥주 한 잔씩 돌립시다.

08 happy hour

(술집에서) 특별 할인 시간대

🔊 **Is there a happy hour today?**
오늘 해피아워 있어요?

🔊 **What time is your happy hour?**
해피아워는 몇 시예요?

09 start a tab

탭[계산서]을 (나중에 일괄 계산하도록) 열어두다

🔊 **Can I start a tab with my card?**
제 카드로 탭을 열어둘 수 있을까요?

🔊 **Can I start a tab and pay at the end?**
탭을 열어두고 마지막에 계산할 수 있을까요?

10 close one's tab

(술집에서) 계산하다

🔊 **Can I close my tab now?**
이제 계산해도 될까요?

🔊 **Can I close my tab and get the receipt?**
계산하고 영수증 받을 수 있을까요?

📖 문장 속 단어 & 표현 총정리

01 drink 주류[술], order 주문하다 02 light drink 가벼운 술 03 pint 파인트[맥주를 세는 단위] 04 on the rocks 얼음을 넣은 05 strong 도수가 센, light 도수가 약한 06 with drinks 주류[술]와 곁들여서 07 round 한 차례, beer 맥주 08 Is there ~? ~가 있나요? 09 at the end 마지막에 10 receipt 영수증

Theme 042

Theme 043 영화관

MP3_043

패턴과 문장들을 3회독씩 학습하며 박스(□)에 체크 표시를 하고, 좌측의 음원 QR코드를 찍어 문장들을 듣고 따라 말하세요.

01 I'd like to see ~.

~을/를 보고 싶어요.

🔊 **I'd like to see** the new Marvel movie.
새 마블 영화를 보고 싶어요.

🔊 **I'd like to see** a comedy tonight.
오늘 밤엔 코미디 영화를 보고 싶어요.

02 I've heard good things about ~.

~에 대해 좋은 평을 들었어요.

🔊 **I've heard good things about** that movie.
그 영화에 대해 좋은 평을 들었어요.

🔊 **I've heard good things about** this director.
이 감독에 대해 좋은 평을 들었어요.

03 What time does ~ start?

~은/는 몇 시에 시작하나요?

🔊 **What time does** the movie **start**?
영화는 몇 시에 시작하나요?

🔊 **What time does** the next showing **start**?
다음 상영은 몇 시에 시작하나요?

04　How long is the movie?

영화는 얼마나 긴가요?

🔊 **How long is the movie we're watching tonight?**
오늘 밤 우리가 볼 영화는 얼마나 긴가요?

🔊 **How long is the movie? I hope it's not too long.**
영화는 얼마나 긴가요? 너무 길지 않았으면 좋겠어요.

05　~ tickets for ~, please.

~ 티켓 ~장 주세요.

🔊 **Two tickets for the 7 p.m. show, please.**
오후 7시 영화 티켓 두 장 주세요.

🔊 **Three tickets for "Oppenheimer," please.**
"오펜하이머" 티켓 세 장 주세요.

06　Let's grab some ~.

우리 ~ 좀 사 먹어요.

🔊 **Let's grab some popcorn and drinks.**
우리 팝콘이랑 음료수 좀 사 먹어요.

🔊 **Let's grab some popcorn before it starts.**
시작하기 전에 우리 팝콘 좀 사 먹어요.

07　Is this seat taken?

여기 자리 있나요?

🔊 **Excuse me, is this seat taken?**
실례합니다, 여기 자리 있나요?

🔊 **Is this seat taken or can I sit here?**
여기 자리 있으면, 제가 앉아도 될까요?

Theme 043

08 What did you think of ~?

~은/는 어땠어요?

🔊 **What did you think of the movie?**
그 영화는 어땠어요?

🔊 **What did you think of the ending?**
결말은 어땠어요?

09 I loved the part when ~.

~한 장면이 정말 좋았어요.

🔊 **I loved the part when they reunited.**
그들이 재회한 장면이 정말 좋았어요.

🔊 **I loved the part when the car exploded.**
차가 폭발한 장면이 정말 좋았어요.

10 I didn't expect ~.

~은/는[~일 줄은] 예상 못 했어요.

🔊 **I didn't expect the ending.**
그런 결말은 예상 못 했어요.

🔊 **I didn't expect it to be so emotional.**
영화가 그렇게 감동적일 줄은 예상 못 했어요.

📆 문장 속 단어 & 표현 총정리

01 comedy 코미디 (영화) **02** director 감독 **03** next 다음의, showing 상영 **04** watch 보다, hope 바라다, too long 너무 긴 **05** tonight 오늘 밤, show 쇼[영화] **06** drink 음료수 **07** seat 자리[좌석], be taken (자리 등이) 차다, sit here 여기에 앉다 **08** ending 결말 **09** reunite 재회하다, explode 폭발하다 **10** emotional 감동적인

Theme 044 미용실

01 How would you like it ~?

- 머리를 어떻게 ~해 드릴까요?
- **How would you like it cut today?**
  오늘은 머리를 어떻게 잘라 드릴까요?
- **How would you like it styled?**
  머리를 어떻게 스타일링해 드릴까요?

02 How short do you want ~?

- ~은/는 얼마나 짧게 할까요?
- **How short do you want it in the back?**
  머리 뒷부분은 얼마나 짧게 할까요?
- **How short do you want your bangs?**
  앞머리는 얼마나 짧게 할까요?

03 Do you want bangs?

- 앞머리 내실 건가요?
- **Do you want bangs with that style?**
  그 스타일에 앞머리도 내실 건가요?
- **Do you want bangs or no bangs?**
  앞머리 내실 건가요, 아니면 내지 말까요?

04　I'd like to get ~.

(머리에) ~을/를 하고 싶어요.

🔊 **I'd like to get a haircut.**
머리 커트[자르는 것]를 싶어요.

🔊 **I'd like to get a perm.**
파마를 하고 싶어요.

05　Can you trim ~?

~을/를 다듬어 주실 수 있나요?

🔊 **Can you trim the ends?**
끝부분을 다듬어 주실 수 있나요?

🔊 **Can you trim my bangs?**
앞머리를 다듬어 주실 수 있나요?

06　Can you thin it out?

숱 좀 쳐 주실 수 있나요?

🔊 **Can you thin it out a bit on the sides?**
옆머리 숱 좀 쳐 주실 수 있나요?

🔊 **Can you thin it out without losing length?**
길이는 그대로 두고 숱만 좀 쳐 주실 수 있나요?

07　Can you fix ~?

~(한 부분) 좀 고쳐 주실 수 있나요?

🔊 **Can you fix this part that sticks out?**
삐져나온 이 부분 좀 고쳐 주실 수 있나요?

🔊 **Can you fix this uneven length?**
이 길이가 들쑥날쑥한 부분 좀 고쳐 주실 수 있나요?

08 I want to keep the length.

길이는 그대로 두고 싶어요.

🔊 **I want to keep the length** and just add layers.
길이는 그대로 두고 레이어만 넣고 싶어요.

🔊 **I want to keep the length**, just thin it out.
길이는 그대로 두고 숱만 좀 쳐 주세요.

09 I want something different.

색다른 스타일로 하고 싶어요.

🔊 **I want something different** this time.
이번엔 색다른 스타일로 하고 싶어요.

🔊 **I want something different** but not too dramatic.
색다른 스타일로 하고 싶은데, 너무 튀진 않았으면 해요.

10 Can I get a shampoo?

샴푸해 주실 수 있나요?

🔊 **Can I get a shampoo** before the cut?
자르기 전에 샴푸해 주실 수 있나요?

🔊 **Can I get a shampoo** and blow-dry?
샴푸를 해 주시고 드라이도 해 주실 수 있나요?

📅 문장 속 단어 & 표현 총정리

01 **cut** 자르다, **style** 스타일링하다 02 **bang** 앞머리 03 **with that style** 그 (머리) 스타일에 04 **haircut** 머리를 자르는 것, **perm** 파마 05 **trim** 다듬다 06 **thin out** 숱을 치다, **side** 옆, **length** 길이 07 **stick out** 삐져나오다, **uneven** 들쭉날쭉한 08 **add** 더하다 09 **dramatic** 극적인[튀는] 10 **blow-dry** 드라이하다

Theme 044   151

Theme 045 세탁소

🎧 MP3_045

패턴과 문장들을 3회독씩 학습하며 박스(☐)에 체크 표시를 하고, 좌측의 음원 QR코드를 찍어 문장들을 듣고 따라 말하세요.

01 I'd like to drop off ~.

~을/를 (세탁) 맡기고 싶어요.

🔊 **I'd like to drop off** some shirts.
셔츠 몇 장을 맡기고 싶어요.

🔊 **I'd like to drop off** this suit for cleaning.
이 정장 세탁을 맡기고 싶어요.

02 When can I pick it up?

언제 찾을 수 있나요?

🔊 **When can I pick it up?** Is tomorrow okay?
언제 찾을 수 있나요? 내일 되나요?

🔊 If I drop it off today, **when can I pick it up?**
오늘 맡기면 언제 찾을 수 있나요?

03 I need it by ~.

~까지 필요해요.

🔊 **I need it by** Friday.
금요일까지 필요해요.

🔊 **I need it by** tomorrow morning.
내일 아침까지 필요해요.

04　Do you offer same-day service for ~?

~은/는 당일 서비스[세탁] 되나요?

🔊 **Do you offer same-day service for shirts?**
셔츠는 당일 세탁이 되나요?

🔊 **Do you offer same-day service for dry cleaning?**
드라이클리닝은 당일 서비스 되나요?

05　Can you get ~ stain out?

~ 얼룩을 지울 수 있나요?

🔊 **Can you get this coffee stain out?**
이 커피 얼룩을 지울 수 있나요?

🔊 **Can you get this ink stain out of the shirt?**
셔츠에 묻은 이 잉크 얼룩을 지울 수 있나요?

06　Do you do alterations ~?

~ 수선도 하시나요?

🔊 **Do you do alterations for pants?**
바지 수선도 하시나요?

🔊 **Do you do alterations for dresses?**
원피스 수선도 하시나요?

07　I need ~ fixed.

~을/를 고쳐야[수선해야] 해요.

🔊 **I need the hole fixed in this shirt.**
이 셔츠에 난 구멍을 고쳐야 해요.

🔊 **I need the zipper fixed before Monday.**
월요일 전까지 지퍼를 고쳐야 해요.

08 Can you shorten ~?

~을/를 줄여 주실 수 있나요?

🔊 **Can you shorten the sleeves on this shirt?**
이 셔츠 소매 줄여 주실 수 있나요?

🔊 **Can you shorten these pants by two inches?**
이 바지를 2인치 줄여 주실 수 있나요?

09 How much is it to clean ~?

~ 세탁 비용이 얼마인가요?

🔊 **How much is it to clean this coat?**
이 코트 세탁 비용이 얼마인가요?

🔊 **How much is it to clean a two-piece suit?**
투피스 정장 세탁 비용이 얼마인가요?

10 I think you gave me the wrong ~.

잘못된 ~을/를 주신 것 같아요.

🔊 **I think you gave me the wrong pants.**
잘못된 바지를 주신 것 같아요.

🔊 **I think you gave me the wrong order.**
(제 것이 아닌) 잘못된 주문품을 주신 것 같아요.

📅 문장 속 단어 & 표현 총정리

01 drop off (세탁물을) 맡기다, suit 정장 **02** pick something up ~을 찾다 **03** Friday 금요일, morning 아침 **04** same-day service 당일 서비스 **05** stain 얼룩 **06** alteration 수선, dress 원피스 **07** hole 구멍, zipper 지퍼 **08** sleeve 소매, pants 바지 **09** two-piece suit 투피스 정장 **10** order (서비스를 요청한) 주문품

Theme 046 헬스장

오늘의 학습 날짜 ◯ 월 ◯ 일

🎧 MP3_046

패턴과 문장들을 3회독씩 학습하며 박스(☐)에 체크 표시를 하고, 좌측의 음원 QR코드를 찍어 문장들을 듣고 따라 말하세요.

01 I'd like to sign up for ~.

~에 등록하고 싶어요.

📢 **I'd like to sign up for a gym membership.**
헬스장 회원에[회원권을] 등록하고 싶어요.

📢 **I'd like to sign up for the yoga class.**
요가 수업에 등록하고 싶어요.

02 Do you have a/an ~ plan?

~ 이용권 있나요?

📢 **Do you have a monthly plan?**
한 달 이용권 있나요?

📢 **Do you have a weekend-only plan?**
주말 전용 이용권 있나요?

03 I'm new to ~.

저 ~은/는 처음이에요.

📢 **I'm new to this routine.**
저 이 (운동) 루틴은 처음이에요.

📢 **I'm new to this machine. Can you help me?**
저 이 기계는 처음이에요. 도와주실 수 있나요?

04 I need help with ~.

저 ~에 도움이 필요해요.

🔊 **I need help with my form.**
저 자세에[자세 잡는 데] 도움이 필요해요.

🔊 **I need help with this equipment.**
저 이 기계에[기계 사용하는 데] 도움이 필요해요.

05 Can I use this machine?

이 기계 사용해도 될까요?

🔊 **Can I use this machine after you?**
당신 다음에 이 기계 사용해도 될까요?

🔊 **Can I use this machine while you rest?**
쉬시는 동안 이 기계 사용해도 될까요?

06 How do I use ~?

~은/는 어떻게 사용하는 건가요?

🔊 **How do I use this machine?**
이 기계는 어떻게 사용하는 건가요?

🔊 **How do I use this treadmill?**
이 러닝머신은 어떻게 사용하는 건가요?

07 Can you spot me?

보조 좀 해 주실 수 있나요?

🔊 **Can you spot me on the bench press?**
벤치프레스 보조 좀 해 주실 수 있나요?

🔊 **Can you spot me for one set?**
한 세트만 보조 좀 해 주실 수 있나요?

08 How many sets do you have left?

- 몇 세트 남으셨어요?
- 🔊 **How many sets do you have left on this bench?**
  이 벤치에서 몇 세트 남으셨어요?

- 🔊 **How many sets do you have left with the barbell?**
  바벨 몇 세트 남으셨어요?

09 I'm done with ~.

- 저 ~을/를 다 썼어요.
- 🔊 **I'm done with this machine.**
  저 이 기계 다 썼어요.

- 🔊 **I'm done with the weights. You can use them.**
  저 이 덤벨 다 썼어요. 사용하셔도 돼요.

10 I'm training for ~.

- 저는 ~을/를 위해 운동하고 있어요.
- 🔊 **I'm training for a marathon.**
  저는 마라톤을 위해 운동하고 있어요.

- 🔊 **I'm training for muscle gain.**
  저는 근육 증가를 위해 운동하고 있어요.

📅 문장 속 단어 & 표현 총정리

01 membership 회원권, class 수업 **02** monthly 매월의, weekend-only 주말 전용의 **03** machine 기계 **04** form 형체[자세], equipment 장비[기계] **05** while ~동안, rest 쉬다 **06** treadmill 러닝머신 **07** spot (헬스장에서) 보조해 주다 **08** barbell 바벨[역기] **09** weights 역기[덤벨] **10** muscle 근육, gain 증가

Theme 046

Theme 047 병원 예약

MP3_047

패턴과 문장들을 3회독씩 학습하며 박스(☐)에 체크 표시를 하고, 좌측의 음원 QR코드를 찍어 문장들을 듣고 따라 말하세요.

01 I'd like to make an appointment.

진료 예약하고 싶습니다.

I'd like to make an appointment with Dr. Kim.
김 박사님께 진료 예약하고 싶습니다.

I'd like to make an appointment for tomorrow.
내일로 진료 예약하고 싶습니다.

02 Do you have any openings?

빈 시간 있나요?

Do you have any openings this afternoon?
오늘 오후에 빈 시간 있나요?

Do you have any openings next week?
다음 주에 빈 시간 있나요?

03 What time is available?

가능한 시간이 언제인가요?

What time is available on Monday?
월요일에 가능한 시간이 언제인가요?

What time is available for a check-up?
건강검진 가능한 시간이 언제인가요?

04 Can I get an appointment for ~?

~로[~을] 예약할 수 있을까요?

🔊 **Can I get an appointment for this Friday?**
이번 금요일로 예약할 수 있을까요?

🔊 **Can I get an appointment for a physical exam?**
건강검진을 예약할 수 있을까요?

05 Is Dr. ~ available?

~ 박사님 진료 가능하신가요?

🔊 **Is Dr. Lee available today?**
오늘 이 박사님 진료 가능하신가요?

🔊 **Is Dr. Choi available this week?**
이번 주에 최 박사님 진료 가능하신가요?

06 I'd prefer ~ if possible.

가능하다면 (날짜가) ~이 좋겠어요.

🔊 **I'd prefer the morning, if possible.**
가능하다면 오전이 좋겠어요.

🔊 **I'd prefer Monday, if possible.**
가능하다면 월요일이 좋겠어요.

07 Can I come in earlier?

더 일찍 갈 수 있을까요?

🔊 **Can I come in earlier than 4 p.m.?**
오후 4시보다 더 일찍 갈 수 있을까요?

🔊 **Can I come in earlier if there's a cancellation?**
취소되는 자리 있으면 더 일찍 갈 수 있을까요?

08 Do you accept walk-ins?

예약 없이 방문해도 되나요?

🔊 **Do you accept walk-ins on weekends?**
주말에 예약 없이 방문해도 되나요?

🔊 **Do you accept walk-ins for minor injuries?**
경미한 부상은 예약 없이 방문해도 되나요?

09 I'd like to cancel my appointment.

예약을 취소하고 싶어요.

🔊 **I'd like to cancel my appointment for tomorrow.**
내일 예약을 취소하고 싶어요.

🔊 **I'd like to cancel my appointment with Dr. Choi.**
최 박사님 예약을 취소하고 싶어요.

10 I'd like to reschedule.

일정을 변경하고 싶어요.

🔊 **I'd like to reschedule my appointment to next week.**
다음 주로 예약 일정을 변경하고 싶어요.

🔊 **I'd like to reschedule for a later time.**
좀 더 늦은 시간대로 일정을 변경하고 싶어요.

📅 문장 속 단어 & 표현 총정리

01 appointment 약속[예약] **02** opening 빈 자리, afternoon 오후 **03** available 시간이 있는, check-up 건강검진 **04** physical exam 건강검진 **05** this week 이번 주 **06** possible 가능한 **07** earlier 더 일찍, cancellation 취소(된 자리) **08** walk-in 예약이 안 된, injury 부상 **09** cancel 취소하다 **10** later 나중의[더 늦은]

Theme 048 내과

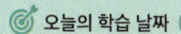

오늘의 학습 날짜 ◯ 월 ◯ 일

🎧 MP3_048

패턴과 문장들을 3회독씩 학습하며 박스(☐)에 체크 표시를 하고, 좌측의 음원 QR코드를 찍어 문장들을 듣고 따라 말하세요.

01 I feel ~.

~한 느낌이 들어요.

📢 **I feel dizzy when I stand up.**
일어설 때 어지러운 느낌이 들어요.

📢 **I feel tired all the time.**
계속 피곤한 느낌이 들어요.

02 I've been feeling ~ lately.

요즘 ~하게 느껴져요.

📢 **I've been feeling bloated lately.**
요즘 더부룩하게 느껴져요.

📢 **I've been feeling anxious lately.**
요즘 불안하게 느껴져요[불안감을 느껴요].

03 I've been having ~.

~ 증상이 있어요.

📢 **I've been having stomach pain.**
복통이(라는 증상이) 있어요.

📢 **I've been having trouble sleeping.**
잠을 잘 못 자는 증상이 있어요.

04　I've had ~ for ~.

~(라는 증상)을 ~동안 겪고 있어요.

🔊 **I've had this cough for two weeks.**
이 기침 증상을 2주 동안 겪고 있어요.

🔊 **I've had this pain for a few days.**
이 통증을 며칠 동안 겪고 있어요.

05　I have a history of ~.

저는 ~ 병력이 있어요.

🔊 **I have a history of asthma.**
저는 천식 병력이 있어요.

🔊 **I have a history of high blood pressure.**
저는 고혈압 병력이 있어요.

06　I take medication for ~.

저는 ~ 약을 복용하고 있어요.

🔊 **I take medication for my thyroid.**
저는 갑상선 약을 복용하고 있어요.

🔊 **I take medication for high blood pressure.**
저는 고혈압 약을 복용하고 있어요.

07　What can I do about ~?

~을/를 어떻게 관리하면 좋을까요?

🔊 **What can I do about my indigestion?**
소화불량을 어떻게 관리하면 좋을까요?

🔊 **What can I do about my high cholesterol?**
고지혈증을 어떻게 관리하면 좋을까요?

08 I'd like to get tested for ~.

~ 검사를 받고 싶어요.

🔊 **I'd like to get tested for** diabetes.
당뇨병 검사를 받고 싶어요.

🔊 **I'd like to get tested for** anemia.
빈혈 검사를 받고 싶어요.

09 I need a prescription for ~.

~ 약 처방이 필요해요.

🔊 **I need a prescription for** acid reflux.
역류성 식도염 약 처방이 필요해요.

🔊 **I need a prescription for** my chronic cough.
만성 기침 약 처방이 필요해요.

10 How long will it take to recover?

회복하는 데 얼마나 걸릴까요?

🔊 **How long will it take to recover** from the surgery?
수술 후 회복하는 데 얼마나 걸릴까요?

🔊 **How long will it take to recover** after treatment?
치료 후 회복하는 데 얼마나 걸릴까요?

📅 문장 속 단어 & 표현 총정리

01 dizzy 어지러운 **02** bloated 더부룩한 **03** stomach 위 **04** cough 기침
05 asthma 천식, high blood pressure 고혈압 **06** thyroid 갑상선 **07** indigestion 소화불량, high cholesterol 고지혈증 **08** diabetes 당뇨병, anemia 빈혈 **09** acid reflux 역류성 식도염, chronic 만성의 **10** surgery 수술, treatment 치료

Theme 049 치과

01 I have a toothache.

치통이 있어요.

I have a toothache on the left side.
왼쪽에 치통이 있어요.

I have a toothache that comes and goes.
들쑥날쑥한 치통이 있어요.

02 I think I have a cavity.

충치가 있는 것 같아요.

I think I have a cavity in my molar.
어금니에 충치가 있는 것 같아요.

I think I have a cavity. Can you check it?
충치가 있는 것 같아요. 확인해 주실 수 있나요?

03 I have sensitive teeth.

이가 시려요.

I have sensitive teeth when I drink cold water.
찬물 마실 때 이가 시려요.

I have sensitive teeth, especially in the mornings.
특히 아침에 이가 시려요.

04　I have a cracked tooth.

금이 간 치아가 있어요.

🔊 **I have a cracked tooth** on the upper left side.
왼쪽 위에 금이 간 치아가 있어요.

🔊 **I have a cracked tooth** that hurts when I bite.
깨물면 아픈 금이 간 치아가 있어요.

05　I chipped my (~) tooth.

(~쪽) 이가 깨졌어요.

🔊 **I chipped my tooth** while eating.
먹다가 이가 깨졌어요.

🔊 **I chipped my** front **tooth** yesterday.
어제 앞니가 깨졌어요.

06　My wisdom tooth hurts.

사랑니가 아파요.

🔊 **My wisdom tooth hurts** when I chew.
씹을 때 사랑니가 아파요.

🔊 **My wisdom tooth hurts** and is swollen.
사랑니가 아프고 부었어요.

07　My gums are bleeding.

잇몸에서 피가 나요.

🔊 **My gums are bleeding** when I brush.
양치할 때 잇몸에서 피가 나요.

🔊 **My gums are bleeding** and swollen.
잇몸에서 피가 나고 부었어요.

08　I think my filling came out.

충전재가 빠진 것 같아요.

🔊 **I think my filling came out** last night.
어젯밤에 충전재가 빠진 것 같아요.

🔊 **I think my filling came out** while eating.
먹다가 충전재가 빠진 것 같아요.

09　I think my crown is loose.

크라운이 느슨해진 것 같아요.

🔊 **I think my crown is loose** and moves when I bite.
크라운이 느슨해진 것 같고 씹을 때 움직여요.

🔊 **I think my crown is loose.** Can you check it?
크라운이 느슨해진 것 같아요. 봐 주실 수 있나요?

10　I want to whiten my teeth.

치아 미백하고 싶어요.

🔊 **I want to whiten my teeth** before my wedding.
결혼식 전에 치아 미백하고 싶어요.

🔊 **I want to whiten my teeth.** Is it covered by insurance?
치아 미백하고 싶어요. 보험 적용이 되나요?

📅 **문장 속 단어 & 표현 총정리**

01 toothache 치통, come and go 들쑥날쑥하다 **02** cavity 충치, molar 어금니 **03** sensitive 예민한[시린], teeth 이(빨) **04** cracked 금이 간, bite 깨물다 **05** chip 빠지다[깨지다] **06** wisdom tooth 사랑니 **07** bleed 피가 나다, swollen 붓다 **08** filling 충전재 **09** crown (치아) 크라운 **10** whiten 하얗게 하다[미백을 하다]

Theme 050 안과

MP3_050

패턴과 문장들을 3회독씩 학습하며 박스(□)에 체크 표시를 하고, 좌측의 음원 QR코드를 찍어 문장들을 듣고 따라 말하세요.

01 I have blurry vision.

시야가 흐려요.

I have blurry vision in my right eye.
오른쪽 눈의 시야가 흐려요.

I have blurry vision when I read.
글을 읽을 때 시야가 흐려요.

02 I have redness in my eye.

눈이 충혈됐어요.

I have redness in my eye after swimming.
수영한 후에 눈이 충혈됐어요.

I have redness in my eye and some discharge.
눈이 충혈되고 분비물이 좀 있어요.

03 I can't see clearly.

선명하게 안 보여요.

I can't see clearly at night.
밤에 선명하게 안 보여요.

I can't see clearly with these new glasses.
이 새 안경을 써도 선명하게 안 보여요.

04 My eyes feel dry.

눈이 건조해요.

🔊 **My eyes feel dry** when I use the computer.
컴퓨터 쓸 때 눈이 건조해요.

🔊 **My eyes feel dry**, especially in the morning.
특히 아침에 눈이 건조해요.

05 My vision is getting worse.

시력이 점점 나빠지고 있어요.

🔊 **My vision is getting worse** over time.
시간이 지날수록 시력이 점점 나빠지고 있어요.

🔊 **My vision is getting worse**, especially in my left eye.
특히 왼쪽 눈 시력이 점점 나빠지고 있어요.

06 I have pain in my eye.

눈에 통증이 있어요.

🔊 **I have pain in my eye** on the upper lid.
윗눈꺼풀 쪽 눈에 통증이 있어요.

🔊 **I have pain in my eye** when I blink.
눈을 깜빡일 때 눈에 통증이 있어요.

07 I think I have an eye infection.

눈에 염증이 생긴 것 같아요.

🔊 **I think I have an eye infection.** It's red and swollen.
눈에 염증이 생긴 것 같아요. 빨갛고 부었어요.

🔊 **I think I have an eye infection** from my contact lenses.
렌즈 때문에 눈에 염증이 생긴 것 같아요.

08 I'd like to get an eye exam.

시력 검사를 받고 싶어요.

I'd like to get an eye exam for new glasses.
새 안경 맞추려고 시력 검사를 받고 싶어요.

I'd like to get an eye exam for work.
회사 제출용으로 시력 검사를 받고 싶어요.

09 I'd like to check for cataracts[glaucoma].

백내장[녹내장] 검사를 받고 싶어요.

I'd like to check for cataracts in both eyes.
양쪽 눈 모두 백내장 검사를 받고 싶어요.

I'd like to check for glaucoma since I'm over 40.
제가 마흔이 넘어서 녹내장 검사를 받고 싶어요.

10 I want to get LASIK surgery.

라식 수술을 받고 싶어요.

I want to get LASIK surgery next year.
내년에 라식 수술을 받고 싶어요.

I want to get LASIK surgery if I'm eligible.
받는 게 가능하다면 라식 수술을 받고 싶어요.

📅 문장 속 단어 & 표현 총정리

01 vision 시력[시야], blurry 흐린 **02** redness 충혈, discharge 분비물 **03** clearly 선명하게 **04** dry 건조한 **05** worse 더 나쁜 **06** pain 통증, upper lid 윗눈꺼풀, blink 깜빡이다 **07** infection 염증, swollen 부은 **08** eye exam 시력 검사 **09** cataracts 백내장, glaucoma 녹내장 **10** surgery 수술, eligible ~할 수 있는

Theme 050

Theme 051 피부과

 오늘의 학습 날짜 ○월 ○일

패턴과 문장들을 3회독씩 학습하며 박스(□)에 체크 표시를 하고, 좌측의 음원 QR코드를 찍어 문장들을 듣고 따라 말하세요.

01 I have acne (on ~).

(~에) 여드름이 있어요.

I have acne on my forehead and chin.
이마랑 턱에 여드름이 있어요.

I have acne that won't go away.
잘 안 없어지는 여드름이 있어요.

02 I have a rash (on ~).

(~에) 발진이 있어요.

I have a rash on my arm.
팔에 발진이 있어요.

I have a rash that itches a lot.
많이 가려운 발진이 있어요.

03 I have eczema (on ~).

(~에) 습진이 있어요.

I have eczema on my hands.
손에 습진이 있어요.

I have eczema that comes and goes.
생겼다 없어지는 습진이 있어요.

04 I have redness (on ~).

(~에) 홍조가 있어요.

🔊 **I have redness** on my cheeks.
볼에 홍조가 있어요.

🔊 **I have redness** that gets worse in the sun.
햇볕을 쬐면 더 심해지는 홍조가 있어요.

05 I have dry skin.

피부가 건조해요.

🔊 **I have dry skin** around my nose.
코 주변 피부가 건조해요.

🔊 **I have dry skin**, especially in winter.
겨울에 특히 피부가 건조해요.

06 I'm allergic to ~.

저는 ~에 알레르기가 있어요.

🔊 **I'm allergic to** certain creams.
저는 특정 크림에 알레르기가 있어요.

🔊 **I'm allergic to** dust and pollen.
저는 먼지랑 꽃가루에 알레르기가 있어요.

07 I'd like to remove this mole.

이 점을 제거하고 싶어요.

🔊 **I'd like to remove this mole** for cosmetic reasons.
미용 목적으로 이 점을 제거하고 싶어요.

🔊 **I'd like to remove this mole** before it gets bigger.
점이 더 커지기 전에 이 점을 제거하고 싶어요.

08 I want to treat my ~ scars.

~ 흉터를 치료하고 싶어요.

🔊 **I want to treat my acne scars.**
여드름 흉터를 치료하고 싶어요.

🔊 **I want to treat my surgery scar.**
수술 흉터를 치료하고 싶어요.

09 I'd like to treat my dark spot

기미[잡티]를 치료하고 싶어요.

🔊 **I'd like to treat my dark spots with laser.**
레이저로 기미[잡티]를 치료하고 싶어요.

🔊 **I'd like to treat my dark spots around the eyes.**
눈가 기미[잡티]를 치료하고 싶어요.

10 I'd like a prescription cream.

처방 크림이 필요해요.

🔊 **I'd like a prescription cream for my rash.**
발진에 쓸 처방 크림이 필요해요.

🔊 **I'd like a prescription cream for my acne.**
여드름용 처방 크림이 필요해요.

📅 문장 속 단어 & 표현 총정리

01 acne 여드름, forehead 이마, chin 턱 02 rash 발진, inch 가렵다 03 eczema 습진 04 redness 홍조, cheek 볼 05 dry 건조한, especially 특히 06 allergic 알레르기가 있는, dust 먼지, pollen 꽃가루 07 mole 점, cosmetic 미용의 08 scar 흉터, surgery 수술 09 dark spot 기미[잡티] 10 prescription 처방

Theme 052
이비인후과

패턴과 문장들을 3회독씩 학습하며 박스(□)에 체크 표시를 하고, 좌측의 음원 QR코드를 찍어 문장들을 듣고 따라 말하세요.

01 I have a sore throat.
목이 아파요.

I have a sore throat when I swallow.
삼킬 때 목이 아파요.

I have a sore throat and a slight fever.
목이 아프고 미열이 있어요.

02 I have a swollen throat.
목이 부었어요[부은 목이 있어요].

I have a swollen throat and trouble speaking.
목이 부어서 말하기가 힘들어요.

I have a swollen throat that hurts to touch.
만지면 아픈 부은 목이 있어요.

03 I can't swallow well.
(침, 음식 등을) 삼키기 힘들어요.

I can't swallow well because of the swelling.
부기 때문에 삼키기 힘들어요.

I can't swallow well and it hurts a lot.
삼키기 힘들고 많이 아파요.

04 I have a lump in my neck.

- 목에 혹이 있어요.
- 🔊 **I have a small lump in my neck** and it's sore.
  목에 작은 혹이 있고 아파요.
- 🔊 **I have a lump in my neck** that wasn't there before.
  목에 전에 없던 혹이 있어요.

05 I have an earache.

- 귀가 아파요.
- 🔊 **I have an earache** on the right side.
  오른쪽 귀가 아파요.
- 🔊 **I have an earache** that comes and goes.
  귀가 간헐적으로 아파요.

06 I have ringing in my[both] ears.

- 제[양쪽] 귀에서 삐 소리가 나요. (이명)
- 🔊 **I have ringing in my ears** at night.
  밤에 제 귀에서 삐 소리가 나요.
- 🔊 **I have ringing in both ears** constantly.
  양쪽 귀에서 계속 삐 소리가 나요.

07 I want to remove my earwax.

- 귀지를 제거하고 싶어요.
- 🔊 **I want to remove my earwax** safely.
  귀지를 안전하게 제거하고 싶어요.
- 🔊 **I want to remove my earwax** because I can't hear well.
  잘 안 들려서 귀지를 제거하고 싶어요.

08 I have a stuffy nose.

코가 막혔어요.

🔊 **I have a stuffy nose** every morning.
매일 아침마다 코가 막혀요.

🔊 **I have a stuffy nose** and post-nasal drip.
코가 막히고 콧물이 목으로 넘어가요.

09 I think I have a sinus infection.

축농증이 있는/생긴 것 같아요.

🔊 **I think I have a sinus infection** from my cold.
감기 때문에 축농증이 생긴 것 같아요.

🔊 **I think I have a sinus infection** with thick mucus.
끈적한 콧물이 나오는 축농증이 있는 것 같아요.

10 I have frequent nosebleeds.

코피가 자주 나요.

🔊 **I have frequent nosebleeds** in dry weather.
건조할 때 코피가 자주 나요.

🔊 **I have frequent nosebleeds** for no reason.
특별한 이유 없이 코피가 자주 나요.

📅 문장 속 단어 & 표현 총정리

01 sore 아픈, throat 목구멍 **02** swollen 부은, touch 만지다 **03** swallow 삼키다, swelling 부기 **04** lump 덩어리[응어리] **05** earache 귓병[귀앓이] **06** ringing 울리는[삐] 소리, constantly 시속석으로 **07** earwax 귀지 **08** stuffy 답답한, post-nasal drip 콧물 쌓임 **09** sinus infection 축농증 **10** nosebleed 코피

Theme 052

Theme 053 정형외과

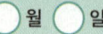
오늘의 학습 날짜 ○월 ○일

MP3_053

패턴과 문장들을 3회독씩 학습하며 박스(□)에 체크 표시를 하고, 좌측의 음원 QR코드를 찍어 문장들을 듣고 따라 말하세요.

01 I have pain in my ~.

~(부위)에 통증이 있어요.

- **I have pain in my lower back.**
  허리 아래쪽에 통증이 있어요.

- **I have pain in my right shoulder.**
  오른쪽 어깨에 통증이 있어요.

02 I think I pulled a muscle.

근육이 당긴 것 같아요.

- **I think I pulled a muscle in my thigh.**
  허벅지 근육이 당긴 것 같아요.

- **I think I pulled a muscle during exercise.**
  운동하다가 근육이 당긴 것 같아요.

03 I have stiffness in my ~.

~이/가 뻣뻣해요.

- **I have stiffness in my neck.**
  목이 뻣뻣해요.

- **I have stiffness in my lower back.**
  허리가 뻣뻣해요.

04 I feel numbness in my ~.

~이/가 저릿저릿해요[~에 감각이 없어요].

🔊 **I feel numbness in my fingers.**
손가락이 저릿저릿해요.

🔊 **I feel numbness in my right leg.**
오른쪽 다리에 감각이 없어요.

05 I can't move my ~.

~을/를 움직일 수 없어요[못 움직여요].

🔊 **I can't move my left arm.**
왼팔을 움직일 수 없어요.

🔊 **I can't move my fingers without pain.**
통증 없이는 손가락을 못 움직여요.

06 I hurt my ~.

~을/를 다쳤어요.

🔊 **I hurt my wrist at work.**
일하다가 손목을 다쳤어요.

🔊 **I hurt my knee while running.**
달리다가 무릎을 다쳤어요.

07 I have swelling in my ~.

~이/가 부어 있어요.

🔊 **I have swelling in my ankle.**
발목이 부어 있어요.

🔊 **I have swelling in my elbow after the fall.**
넘어지고 나서 팔꿈치가 부어 있어요.

08 I think I twisted my ~.

~을/를 삔 것 같아요.

🔊 **I think I twisted my ankle yesterday.**
어제 발목을 삔 것 같아요.

🔊 **I think I twisted my knee playing soccer.**
축구하다가 무릎을 삔 것 같아요.

09 I think I broke my ~.

~이/가 부러진 것 같아요.

🔊 **I think I broke my toe.**
발가락이 부러진 것 같아요.

🔊 **I think I broke my collarbone.**
쇄골이 부러진 것 같아요.

10 I've had this pain for ~.

이 통증이 ~동안[째] 계속되고 있어요.

🔊 **I've had this pain for a week.**
이 통증이 일주일째 계속되고 있어요.

🔊 **I've had this pain for a few months.**
통증이 몇 달째 계속되고 있어요.

📅 문장 속 단어 & 표현 총정리

01 lower back 아래쪽 허리, shoulder 어깨 02 pull 당기다, muscle 근육, thigh 허벅지 03 stiffness 뻣뻣함, neck 목 04 numbness 저림, 무감각 05 arm 팔, finger 손가락 06 wrist 손목, knee 무릎 07 swelling 부기, ankle 발목, elbow 팔꿈치 08 twist 삐다 09 toe 손가락, collarbone 쇄골 10 week 주, month 달

Theme 054 동물 병원

01 I think my pet is sick.

제 반려동물이 아픈 것 같아요.

🔊 **I think my pet is sick.** He's very lethargic.
제 반려동물이 아픈 것 같아요. 기운이 없어요.

🔊 **I think my pet is sick.** Can you take a look at him?
제 반려동물이 아픈 것 같아요. 봐 주실 수 있나요?

02 My pet is not eating.

제 반려동물이 밥을 안 먹어요.

🔊 **My pet is not eating** and just lies down.
제 반려동물이 밥도 안 먹고 그냥 누워 있어요.

🔊 **My pet is not eating** like usual.
제 반려동물이 평소처럼 밥을 안 먹어요.

03 My dog/cat is vomiting.

저희 강아지/고양이가 토를 해요.

🔊 **My dog is vomiting** after eating.
저희 강아지가 밥 먹고 나서 토를 해요

🔊 **My cat is vomiting** and has no appetite.
저희 고양이가 토하고 식욕이 없어요.

04 My dog/cat has diarrhea.

저희 강아지/고양이가 설사를 해요.

🔊 **My dog has diarrhea and won't eat.**
저희 강아지가 설사를 하고 밥도 안 먹어요.

🔊 **My cat has diarrhea for three days.**
저희 고양이가 3일째 설사를 해요.

05 My dog/cat is sneezing.

저희 강아지/고양이가 재채기를 해요.

🔊 **My dog is sneezing a lot lately.**
요즘 저희 강아지가 재채기를 많이 해요.

🔊 **My cat is sneezing and has watery eyes.**
저희 고양이가 재채기를 하고 눈물이 나요.

06 My dog/cat is limping.

저희 강아지/고양이가 다리를 절어요.

🔊 **My dog is limping after a walk.**
산책 후에 저희 강아지가 다리를 절어요.

🔊 **My cat is limping and won't put weight on his paw.**
저희 고양이가 다리를 절고 발을 안 디뎌요.

07 My dog/cat keeps scratching.

저희 강아지/고양이가 계속 긁어요.

🔊 **My dog keeps scratching his ears.**
저희 강아지가 계속 귀를 긁어요.

🔊 **My cat keeps scratching and his skin is red.**
저희 고양이가 계속 긁고 피부가 빨갛게 됐어요.

08 I need to get a vaccination for ~.

~에게[~을 위한] 예방접종을 맞혀야 해요.

🔊 **I need to get a vaccination for my puppy.**
저희 강아지에게 예방접종을 맞혀야 해요.

🔊 **I need to get a vaccination for rabies.**
광견병(을 위한) 예방접종을 맞혀야 해요.

09 I need to spay/neuter my ~.

저희 ~을/를 중성화 수술을 해야 해요.

🔊 **I need to spay my female cat.**
저희 암컷 고양이를 중성화 수술을 해야 해요.

🔊 **I need to neuter my male dog.**
저희 수컷 강아지를 중성화 수술을 해야 해요.

10 I'd like to know the cost for ~.

~ 비용이 궁금해요.

🔊 **I'd like to know the cost for neutering.**
중성화 수술 비용이 궁금해요.

🔊 **I'd like to know the cost for a blood test.**
혈액 검사 비용이 궁금해요.

📅 문장 속 단어 & 표현 총정리

01 lethargic 기운 없는 **02** like usual 평소처럼 **03** have no appetite 식욕이 없다 **04** diarrhea 설사 **05** sneeze 재채기하다 **06** limp 다리를 절다, put weight on one's paw 발을 딛다 **07** scratch 긁다 **08** vaccination 예방접종, rabies 광견병 **09** spay[neuter] 암컷[수컷] 중성화 수술을 하다 **10** blood test 혈액 검사

Theme 055 약국

01 I have a prescription.
처방전이 있어요.
- **I have a prescription** from the hospital.
  병원에서 받은 처방전이 있어요.
- **I have a prescription** for eye drops.
  안약 처방전이 있어요.

02 I'd like to fill a prescription.
처방약을 조제하고 싶어요.
- **I'd like to fill a prescription** for antibiotics.
  항생제 처방약을 조제하고 싶어요.
- **I'd like to fill a prescription** my doctor gave me.
  의사 선생님이 주신 처방약을 조제하고 싶어요.

03 Can I get ~ without a prescription?
~은/는 처방전 없이 구입 가능한가요?
- **Can I get this without a prescription?**
  이것은 처방전 없이 구입 가능한가요?
- **Can I get this cream without a prescription?**
  이 연고는 처방전 없이 구입 가능한가요?

04 I need something over-the-counter.

일반의약품이 필요해요.

🔊 **I need something over-the-counter** for allergies.
알레르기용 일반의약품이 필요해요.

🔊 **I need something over-the-counter** for pain.
통증에 효과 있는 일반의약품이 필요해요.

05 Do you have something for ~?

~에 효과 있는[~일 때 먹는] 약 있나요?

🔊 **Do you have something for** a sore throat?
목 아플 때 먹는 약 있나요?

🔊 **Do you have something for** motion sickness?
멀미(에 효과 있는) 약 있나요?

06 Do you have anything for ~ pain?

~ 통(증)에 좋은[효과 있는] 약 있나요?

🔊 **Do you have anything for** back **pain?**
요통에 좋은 약 있나요?

🔊 **Do you have anything for** menstrual **pain?**
생리통에 효과 있는 약 있나요?

07 I'd like a cream for ~.

~에 바르는 연고 주세요.

🔊 **I'd like a cream for** dry skin.
건조한 피부에 바르는 연고 주세요.

🔊 **I'd like a cream for** insect bites.
벌레 물린 데 바르는 연고 주세요.

08 How often should I take it?

☐ 얼마나 자주 복용해야 하나요?

☐ 📢 **How often should I take it per day?**
하루에 몇 번[얼마나 자주] 복용해야 하나요?

☐ 📢 **How often should I take it with food?**
식사와 함께 얼마나 자주 복용해야 하나요?

09 Are there any side effects?

☐ 부작용이 있나요?

☐ 📢 **Are there any side effects with this medication?**
이 약에 부작용이 있나요?

☐ 📢 **Are there any side effects I should know about?**
알고 있어야 할 부작용이 있나요?

10 Is this safe for children?

☐ 이거 아이들이 먹어도 안전한가요?

☐ 📢 **Is this safe for children under five?**
이거 5세 이하 아이들이 먹어도 안전한가요?

☐ 📢 **Is this safe for children with allergies?**
이거 알레르기 있는 아이들이 먹어도 안전한가요?

📅 문장 속 단어 & 표현 총정리

01 prescription 처방(전/약), eye drop 안약 **02** antibiotics 항생제 **03** cream 연고 **04** over-the counter (처방전 없이 사는) 일반의약품인 **05** sore throat 아픈 목, motion sickness 멀미 **06** back pain 요통, menstrual pain 생리통 **07** insect bite 벌레 물림 **08** per day 하루에 **09** medication 약 **10** allergy 알레르기

Theme 056 은행

🎯 오늘의 학습 날짜 ◯월 ◯일

🎧 MP3_056

패턴과 문장들을 3회독씩 학습하며 박스(☐)에 체크 표시를 하고, 좌측의 음원 QR코드를 찍어 문장들을 듣고 따라 말하세요.

01 I'd like to open[close] an account.

☐ 계좌를 개설[해지]하고 싶어요.

📣 **I'd like to open an account for savings.**
저축용 계좌를 개설하고 싶어요.

📣 **I'd like to close an account I no longer use.**
더 이상 사용하지 않는 계좌를 해지하고 싶어요.

02 I'd like to make a deposit[withdrawal].

☐ 입금[출금]하고 싶어요.

📣 **I'd like to make a deposit of 500 dollars.**
500달러를 입금하고 싶어요.

📣 **I'd like to make a withdrawal from this account.**
이 계좌에서 출금하고 싶어요.

03 I'd like to transfer some money.

☐ 돈을 이체하고 싶어요.

📣 **I'd like to transfer some money to another account.**
다른 계좌로 돈을 이체하고 싶어요.

📣 **I'd like to transfer some money overseas.**
해외로 돈을 이체하고 싶어요.

04 I need to change some money.

환전하고 싶어요.

🔊 **I need to change some money** to euros.
유로화로 환전하고 싶어요.

🔊 **I need to change some money** to US dollars.
미국 달러로 환전하고 싶어요.

05 I'd like to apply for ~.

~을/를 신청하고 싶어요.

🔊 **I'd like to apply for** a credit card.
신용카드를 신청하고 싶어요.

🔊 **I'd like to apply for** a mortgage.
주택 담보 대출을 신청하고 싶어요.

06 I need to report a lost ~.

~ 분실 신고를 하고 싶어요.

🔊 **I need to report a lost** credit card.
신용카드 분실 신고를 하고 싶어요.

🔊 **I need to report a lost** debit card.
직불카드 분실 신고를 하고 싶어요.

07 Do you charge a fee for ~?

~에 수수료가 있나요?

🔊 **Do you charge a fee for** ATM withdrawals?
ATM 출금에 수수료가 있나요?

🔊 **Do you charge a fee for** international transfers?
해외 송금에 수수료가 있나요?

08 Can I open a joint account?

공동 계좌 개설이 가능한가요?

🔊 **Can I open a joint account with my spouse?**
배우자와 공동 계좌 개설이 가능한가요?

🔊 **Can I open a joint account using this ID?**
이 신분증으로 공동 계좌 개설이 가능한가요?

09 What are the requirements?

필요 조건은 무엇인가요?

🔊 **What are the requirements to open an account?**
계좌 개설을 위한 필요 조건은 무엇인가요?

🔊 **What are the requirements for getting a loan?**
대출을 위한 필요 조건은 무엇인가요?

10 Can I get a bank statement?

은행 명세서를 받을 수 있을까요?

🔊 **Can I get a bank statement for the last 3 months?**
지난 3개월간의 은행 명세서를 받을 수 있을까요?

🔊 **Can I get a bank statement with today's transactions?**
오늘 거래 내역이 포함된 은행 명세서를 받을 수 있을까요?

📅 문장 속 단어 & 표현 총정리

01 account 계좌 **02** deposit 예금, withdrawal 인출 **03** transfer 이체하다, overseas 해외로 **04** euro 유로[유럽의 화폐] **05** credit card 신용카드, mortgage 주택 담보 대출 **06** debit card 직불카드 **07** fee 수수료, international 국제의[해외의] **08** spouse 배우자 **09** loan 대출 **10** statement 명세서, transaction 거래

Theme 057 우체국

01 I'd like to send a package.

- 소포를 보내고 싶어요.
- I'd like to send a package to Canada.
  캐나다로 소포를 보내고 싶어요.
- I'd like to send a package by air mail.
  항공우편으로 소포를 보내고 싶어요.

02 Can I send this by registered mail?

- 이거 등기우편으로 보낼 수 있나요?
- Can I send this by registered mail today?
  이거 오늘 등기우편으로 보낼 수 있나요?
- Can I send this by registered mail with a receipt?
  이거 영수증 포함해서 등기우편으로 보낼 수 있나요?

03 I'd like to send this by express mail.

- 이걸 빠른 우편으로 보내고 싶어요.
- I'd like to send this by express mail today.
  이걸 오늘 빠른 우편으로 보내고 싶어요.
- I'd like to send this by express mail to Japan.
  이걸 일본으로 빠른 우편으로 보내고 싶어요.

04 Can I get this delivered by ~?

이거 ~까지 배송되게 할 수 있을까요?

🔊 **Can I get this delivered by tomorrow?**
이거 내일까지 배송되게 할 수 있을까요?

🔊 **Can I get this delivered by the weekend?**
이거 주말까지 배송되게 할 수 있을까요?

05 How long does it take to deliver?

배송하는 데 얼마나 걸리나요?

🔊 **How long does it take to deliver to France?**
프랑스까지 배송하는 데 얼마나 걸리나요?

🔊 **How long does it take to deliver domestically?**
국내 배송하는 데 얼마나 걸리나요?

06 How much is the postage?

우편 요금은 얼마인가요?

🔊 **How much is the postage for this letter?**
이 편지의 우편 요금은 얼마인가요?

🔊 **How much is the postage to the U.S.?**
미국까지 우편 요금은 얼마인가요?

07 Can I track this package online?

온라인에서 이 소포를 추적할 수 있나요?

🔊 **Can I track this package online using this number?**
이 번호로 온라인에서 이 소포를 추적할 수 있나요?

🔊 **Can I track this package online in real-time?**
실시간으로 온라인에서 이 소포를 추적할 수 있나요?

08 I'd like to insure this package.

이 소포에 보험을 들고 싶어요.

🔊 **I'd like to insure this package for $200.**
이 소포에 200달러 보험을 들고 싶어요.

🔊 **I'd like to insure this package in case it gets lost.**
분실에 대비해서 이 소포에 보험을 들고 싶어요.

09 Do I need to fill out a customs form?

신고서를 작성해야 하나요?

🔊 **Do I need to fill out a customs form for this package?**
이 소포에 세관 신고서를 작성해야 하나요?

🔊 **Do I need to fill out a customs form for documents?**
서류도 세관 신고서를 작성해야 하나요?

10 I need to pick up a package.

소포를 찾으러 왔어요.

🔊 **I need to pick up a package I missed yesterday.**
어제 못 받은 소포를 찾으러 왔어요.

🔊 **I need to pick up a package from overseas.**
해외에서 온 소포를 찾으러 왔어요.

📅 문장 속 단어 & 표현 총정리

01 package 소포, air mail 항공우편 02 registered mail 등기우편, receipt 영수증 03 express mail 빠른 우편, Japan 일본 04 deliver 배달[배송]하다 05 domestically 국내로 06 postage 우편 요금 07 real-time 실시간으로 08 insure 보장하다, get lost 분실되다 09 customs form 세관 신고서 10 miss 놓치다[못 받다]

Theme 058 공항

MP3_058

패턴과 문장들을 3회독씩 학습하며 박스(☐)에 체크 표시를 하고, 좌측의 음원 QR코드를 찍어 문장들을 듣고 따라 말하세요.

01 Where is the check-in counter for ~?

~ 항공 체크인 카운터는 어디인가요?

Where is the check-in counter for Korean Air?
대한항공 체크인 카운터는 어디인가요?

Where is the check-in counter for Delta?
델타항공 체크인 카운터는 어디인가요?

02 I'd like to check in.

체크인하고 싶어요.

I'd like to check in for my flight to New York.
뉴욕행 비행기를 체크인하고 싶어요.

I'd like to check in two bags.
가방 두 개를 체크인하고 싶어요.

03 I'd like a window[an aisle] seat.

창가[통로] 좌석으로 부탁드려요.

I'd like a window seat, if possible.
가능하면 창가 좌석으로 부탁드려요.

I'd like an aisle seat for the long flight.
장거리 비행이라 통로 좌석으로 부탁드려요.

04   What's the baggage allowance for ~?

☐ ~의 수하물 허용량은 어떻게 되나요?

☐ 🔊 **What's the baggage allowance for this flight?**
이 항공편의 수하물 허용량은 어떻게 되나요?

🔊 **What's the baggage allowance for business class?**
비즈니스 클래스의 수하물 허용량은 어떻게 되나요?

05   Can I take ~ as a carry-on (item)?

☐ ~을/를 기내 반입할 수 있나요?

☐ 🔊 **Can I take this bag as a carry-on item?**
이 가방을 기내 반입할 수 있나요?

🔊 **Can I take this backpack as a carry-on?**
이 배낭을 기내 반입할 수 있나요?

06   What time is boarding for ~?

☐ ~의 탑승 시간은 언제인가요?

☐ 🔊 **What time is boarding for this flight?**
이 비행기의 탑승 시간은 언제인가요?

🔊 **What time is boarding for gate 22?**
22번 게이트의 탑승 시간은 언제인가요?

07   Where is the boarding gate for[to] ~?

☐ ~의[~행] 탑승구는 어디인가요?

☐ 🔊 **Where is the boarding gate for flight 812?**
812편의 탑승구는 어디인가요?

🔊 **Where is the boarding gate to Los Angeles?**
로스앤젤레스행 탑승구는 어디인가요?

08 Where is immigration?

출입국 심사장은 어디인가요?

🔊 **Where is immigration for international arrivals?**
국제선 도착 출입국 심사장은 어디인가요?

🔊 **Where is immigration after baggage claim?**
짐 찾은 후 출입국 심사장은 어디인가요?

09 Where can I pick up my luggage?

짐은 어디서 찾을 수 있나요?

🔊 **Where can I pick up my luggage after landing?**
착륙 후 짐은 어디서 찾을 수 있나요?

🔊 **Where can I pick up my luggage for flight 910?**
910편의 짐은 어디서 찾을 수 있나요?

10 I'm here for vacation[on business].

휴가차[출장으로] 왔어요.

🔊 **I'm here for vacation with my family.**
가족과 함께 휴가차 왔어요.

🔊 **I'm here on business for a conference.**
회의 참석차 출장으로 왔어요.

📅 문장 속 단어 & 표현 총정리

01 check-in counter 체크인 카운터 **02** flight 비행기, bag 가방 **03** window[aisle] seat 창가[통로] 좌석 **04** baggage allowance 수하물 허용량 **05** carry-on 휴대용 짐[기내 반입 가능한 짐] **06** boarding 탑승 **07** boarding gate 탑승구 **08** immigration 출입국 심사장 **09** luggage 짐, landing 착륙 **10** conference 컨퍼런스[회의]

Theme 059

기내

🎧 MP3_059

패턴과 문장들을 3회독씩 학습하며 박스(☐)에 체크 표시를 하고, 좌측의 음원 QR코드를 찍어 문장들을 듣고 따라 말하세요.

01 Can I get a blanket[pillow]?

담요[베게] 좀 주실 수 있을까요?

🔊 **Can I get a blanket? It's a bit cold.**
담요 좀 주실 수 있을까요? 좀 추워서요.

🔊 **Can I get a pillow to sleep?**
잘 때 사용할 베개 좀 주실 수 있을까요?

02 Could I have ~?

(식음료 등) ~ 좀 주실 수 있을까요?

🔊 **Could I have some water?**
물 좀 주실 수 있을까요?

🔊 **Could I have another drink, please?**
음료 하나 더 주실 수 있을까요?

03 Can I switch seats?

자리 바꿔도 될까요?

🔊 **Can I switch seats to the aisle?**
통로 쪽으로 자리 바꿔도 될까요?

🔊 **Can I switch seats closer to the front?**
앞쪽에 더 가깝게 자리 바꿔도 될까요?

04　Can I move to that empty seat?

저 빈자리로 옮겨도 될까요?

🔊 **Can I move to that empty seat in the back?**
뒤에 있는 저 빈자리로 옮겨도 될까요?

🔊 **Can I move to that empty seat next to the window?**
창가 옆 저 빈자리로 옮겨도 될까요?

05　Can I recline my seat?

좌석을 젖혀도 되나요?

🔊 **Can I recline my seat during meal time?**
식사 시간에 좌석을 젖혀도 되나요?

🔊 **Can I recline my seat now that we've taken off?**
이륙했으니 이제 좌석을 젖혀도 되나요?

06　My seat won't recline.

제 좌석이 안 젖혀져요.

🔊 **Sorry to bother you, but my seat won't recline.**
죄송하지만, 제 좌석이 안 젖혀져요.

🔊 **My seat won't recline. Can you help?**
제 좌석이 안 젖혀져요. 도와주실 수 있나요?

07　My screen isn't working.

제 화면이 작동하지 않아요.

🔊 **My screen isn't working. I think it's broken.**
제 화면이 작동하지 않아요. 고장 난 것 같아요.

🔊 **My screen isn't working. Can you reset it?**
제 화면이 작동하지 않아요. 초기화해 주실 수 있나요?

08 I feel sick.

속이 안 좋아요.

🗨 **I feel sick.** Is there any medicine?
속이 안 좋아요. 약 있나요?

🗨 **I feel sick.** Can I get a paper bag?
속이 안 좋아요. 멀미 봉투 받을 수 있을까요?

09 How long is the flight?

비행 시간은 얼마나 되나요?

🗨 **How long is the flight** to Sydney?
시드니까지 비행 시간은 얼마나 되나요?

🗨 **How long is the flight** from here to Paris?
여기서 파리까지 비행 시간은 얼마나 되나요?

10 What time will we land?

몇 시에 도착하나요?

🗨 **What time will we land** in Tokyo?
도쿄에는 몇 시에 도착하나요?

🗨 **What time will we land** local time?
현지 시간 기준으로 몇 시에 도착하나요?

📅 문장 속 단어 & 표현 총정리

01 blanket 담요, pillow 베게 **02** drink 음료 **03** seat 자리[좌석], closer 더 가까운, front 앞쪽 **04** empty seat 빈자리, next to ~ ~옆에 있는 **05** recline 젖히다, take off 이륙하다 **06** bother 귀찮게 하다 **07** broken 고장 난, reset 초기화하다 **08** medicine 약 **09** flight 여행[비행] **10** land 착륙하다, local time 현지 시간

Theme 060
호텔

MP3_060

패턴과 문장들을 3회독씩 학습하며 박스(□)에 체크 표시를 하고, 좌측의 음원 QR코드를 찍어 문장들을 듣고 따라 말하세요.

01 I have a reservation under[for] ~.

~라는 이름으로[~으로] 예약했어요.

I have a reservation under Kim.
김이라는 이름으로 예약했어요.

I have a reservation for a single room.
싱글룸으로 예약했어요.

02 I'd like to check in[out].

체크인[체크아웃]하고 싶어요.

I'd like to check in for two nights.
이틀 동안 체크인하고 싶어요.

I'd like to check out a bit early.
조금 일찍 체크아웃하고 싶어요.

03 Can I get a late checkout?

늦게 체크아웃할 수 있을까요?

Can I get a late checkout at 1 p.m.?
오후 1시쯤 늦게 체크아웃할 수 있을까요?

Can I get a late checkout for free?
무료로 늦게 체크아웃할 수 있을까요?

04 Can I leave my luggage here?

짐을 여기 맡겨도 될까요?

🔊 **Can I leave my luggage here** after checkout?
체크아웃 후 짐을 여기 맡겨도 될까요?

🔊 **Can I leave my luggage here** for a few hours?
몇 시간 동안 짐을 여기 맡겨도 될까요?

05 Is breakfast included?

조식이 포함돼 있나요?

🔊 **Is breakfast included** in this rate?
이 요금에 조식이 포함돼 있나요?

🔊 **Is breakfast included** with the room?
이 객실에 조식이 포함돼 있나요?

06 Can I have a wake-up call?

모닝콜해 주실 수 있나요?

🔊 **Can I have a wake-up call** at 6 a.m.?
오전 6시에 모닝콜해 주실 수 있나요?

🔊 **Can I have a wake-up call** tomorrow morning?
내일 아침 모닝콜해 주실 수 있나요?

07 I'd like to order room service.

룸서비스를 주문하고 싶어요.

🔊 **I'd like to order room service** to room 302.
302호로 룸서비스를 주문하고 싶어요.

🔊 **I'd like to order room service** for dinner.
저녁으로 룸서비스를 주문하고 싶어요.

08 Can I get extra towels?

수건 좀 더 갖다주실 수 있을까요?

🔊 **Can I get extra towels sent to my room?**
제 방으로 수건 좀 더 갖다주실 수 있을까요?

🔊 **Can I get extra towels for the bathroom?**
욕실용 수건 좀 더 갖다주실 수 있을까요?

09 The Wi-Fi isn't working.

와이파이가 안 잡혀요.

🔊 **The Wi-Fi isn't working in my room.**
제 방에서 와이파이가 안 잡혀요.

🔊 **The Wi-Fi isn't working on my phone.**
제 휴대폰에서 와이파이가 안 잡혀요.

10 I'd like to change rooms.

방을 바꾸고 싶어요.

🔊 **I'd like to change rooms. It's too noisy.**
방이 너무 시끄러워서 방을 바꾸고 싶어요.

🔊 **I'd like to change rooms due to the smell.**
냄새 때문에 방을 바꾸고 싶어요.

📅 문장 속 단어 & 표현 총정리

01 reservation 예약 **02** a bit early 조금 일찍 **03** for free 무료로 **04** leave 두다[놓다], luggage 짐 **05** breakfast 아침, be included 포함되다, rate 요금 **06** wake-up call 모닝콜 **07** order 주문하다 **08** extra 여분의, bathroom 화장실 **09** work 작동하다 **10** noisy 시끄러운, due to ~ ~으로 인해, smell 냄새

Theme 061 도움 요청

패턴과 문장들을 3회독씩 학습하며 박스(□)에 체크 표시를 하고, 좌측의 음원 QR코드를 찍어 문장들을 듣고 따라 말하세요.

01 Can you help me with ~/V?

~을·를/~하는 걸 도와주실 수 있나요?

Can you help me with my luggage?
짐을[짐을 옮기는 걸] 도와주실 수 있나요?

Can you help me find my gate?
탑승구 찾는 걸 도와주실 수 있나요?

02 Could you give me a hand with ~/V-ing?

~을·를/~하는 걸 도와주실 수 있을까요?

Could you give me a hand with this box?
이 상자를[상자 옮기는 걸] 도와주실 수 있을까요?

Could you give me a hand loading the car?
차에 짐 싣는 걸 도와주실 수 있을까요?

03 Could you possibly ~?

혹시 ~해 주실 수 있을까요?

Could you possibly carry this for me?
혹시 이거 들어 주실 수 있을까요?

Could you possibly check this for me?
혹시 절 위해 이걸 확인해 주실 수 있을까요?

04 Would you mind V-ing?

~해 주실 수 있나요?

Would you mind holding this for a second?
이거 잠깐만 들어 주실 수 있나요?

Would you mind calling the front desk for me?
프런트에 전화해 주실 수 있나요?

05 Would it be too much trouble to ~?

~해 주시기 많이 번거로우실까요?

Would it be too much trouble to carry this?
이거 들어 주시기 많이 번거로우실까요?

Would it be too much trouble to explain that again?
그거 다시 설명해 주시기 많이 번거로우실까요?

06 Can you explain ~ to me?

~을/를 설명해 주실 수 있나요?

Can you explain this process to me?
이 절차를 설명해 주실 수 있나요?

Can you explain this question to me?
이 질문을 설명해 주실 수 있나요?

07 Can you show me how to ~?

~하는 법 좀 알려주실 수 있나요?

Can you show me how to use this machine?
이 기계 사용하는 법 좀 알려주실 수 있나요?

Can you show me how to connect to Wi-Fi?
와이파이 연결하는 법 좀 알려주실 수 있나요?

08 Would you happen to know how to ~?

혹시 ~하는 법 아시나요?

🔊 **Would you happen to know how to print this?**
혹시 이거 출력하는 법 아시나요?

🔊 **Would you happen to know how to reset it?**
혹시 이거 리셋하는 법 아시나요?

09 Can I ask you a favor?

부탁 하나 드려도 될까요?

🔊 **Can I ask you a favor? I need a ride.**
부탁 하나 드려도 될까요? 좀 태워 주셨으면 해서요.

🔊 **Can I ask you a favor? I forgot my wallet.**
부탁 하나 드려도 될까요? 제가 지갑을 깜빡해서요.

10 I could use some help V-ing.

~하는 데 도움이 좀 필요해요.

🔊 **I could use some help carrying this box.**
이 상자 드는 데 도움이 좀 필요해요.

🔊 **I could use some help setting this up.**
이거 설치하는 데 도움이 좀 필요해요.

📅 문장 속 단어 & 표현 총정리

01 luggage 짐, find 찾다 **02** load 싣다 **03** carry 들다, check 확인하다 **04** hold 쥐다[들다], for a second 잠깐만, call 전화하다 **05** trouble 문제[골칫거리], explain 설명하다 **06** process 과정, question 질문 **07** connect 연결하다 **08** print 출력하다 **09** ride 타고 가기, forget 깜빡하다 **10** set up 설치하다

Theme 062 길 찾기

 오늘의 학습 날짜 ○월 ○일

🎧 MP3_062

패턴과 문장들을 3회독씩 학습하며 박스(□)에 체크 표시를 하고, 좌측의 음원 QR코드를 찍어 문장들을 듣고 따라 말하세요.

01 I think I'm lost.

제가 길을 잃은 것 같아요.

📢 **I think I'm lost.** Can you help me?
제가 길을 잃은 것 같아요. 도와주실 수 있나요?

📢 **I think I'm lost.** I was trying to find the hotel.
제가 길을 잃은 것 같아요. 호텔을 찾으려 하고 있었어요.

02 I'm looking for ~.

~을/를 찾고 있어요.

📢 **I'm looking for** a pharmacy.
약국을 찾고 있어요.

📢 **I'm looking for** the main entrance.
정문을 찾고 있어요.

03 Where is the nearest ~?

가장 가까운 ~이/가 어디인가요?

📢 **Where is the nearest** convenience store?
가장 가까운 편의점이 어디인가요?

📢 **Where is the nearest** subway station?
가장 가까운 지하철역이 어디인가요?

04   How do I get to ~?

~에 어떻게 가나요?

🔊 **How do I get to the train station?**
기차역에 어떻게 가나요?

🔊 **How do I get to City Hall?**
시청에 어떻게 가나요?

05   Can you show me the way to ~?

~ 가는 길 좀 알려 주실 수 있나요?

🔊 **Can you show me the way to the hotel?**
호텔 가는 길 좀 알려 주실 수 있나요?

🔊 **Can you show me the way to the nearest bus stop?**
가장 가까운 버스 정류장 가는 길 좀 알려 주실 수 있나요?

06   Which way is ~?

~은/는 어느 방향인가요?

🔊 **Which way is the airport?**
공항은 어느 방향인가요?

🔊 **Which way is the hospital from here?**
여기서 병원은 어느 방향인가요?

07   Which bus goes to ~?

어느 버스가 ~으로 가나요?

🔊 **Which bus goes to the airport?**
어느 버스가 공항으로 가나요?

🔊 **Which bus goes to the shopping mall?**
어느 버스가 쇼핑몰로 가나요?

08 Is this the right way to ~?

- 이 길이 ~으로 가는 길이 맞나요?
- 🔊 **Is this the right way to the museum?**
  이 길이 박물관으로 가는 길이 맞나요?

- 🔊 **Is this the right way to Central Park?**
  이 길이 센트럴파크로 가는 길이 맞나요?

09 Am I going the right way to ~?

- 제가 지금 ~으로 제대로 가고 있나요?
- 🔊 **Am I going the right way to the station?**
  제가 지금 역으로 제대로 가고 있나요?

- 🔊 **Am I going the right way to the hotel?**
  제가 지금 호텔로 제대로 가고 있나요?

10 Is ~ within walking distance?

- ~은/는 걸어서 갈 수 있는 거리인가요?
- 🔊 **Is the museum within walking distance?**
  박물관은 걸어서 갈 수 있는 거리인가요?

- 🔊 **Is the hotel within walking distance from here?**
  여기서 호텔은 걸어서 갈 수 있는 거리인가요?

📅 문장 속 단어 & 표현 총정리

01 lost 길을 잃은 **02** main entrance 정문 **03** convenience store 편의점, subway station 지하철역 **04** train station 기차역, City Hall 시청 **05** bus stop 버스 정류장 **06** airport 공항 **07** shopping mall 쇼핑몰 **08** museum 박물관 **09** right way 제대로 된 길 **10** walking distance 걸어갈 수 있는 거리

Theme 062   205

Theme 063 분실물 찾기

MP3_063

패턴과 문장들을 3회독씩 학습하며 박스(□)에 체크 표시를 하고, 좌측의 음원 QR코드를 찍어 문장들을 듣고 따라 말하세요.

01 I lost my ~.

□ 저 ~을/를 잃어버렸어요.
□ I lost my phone.
　저 핸드폰을 잃어버렸어요.

□ I lost my passport.
　저 여권을 잃어버렸어요.

02 I think I left my ~ in/at ~.

□ 제 ~을/를 ~에 두고 온 것 같아요.
□ I think I left my wallet in the taxi.
　제 지갑을 택시에 두고 온 것 같아요.

□ I think I left my bag at the cafe.
　제 가방을 카페에 두고 온 것 같아요.

03 I forgot it in the ~.

□ ~에 그걸 두고 온 걸 잊었어요.
□ I forgot it in the bathroom.
　화장실에 그걸 두고 온 걸 잊었어요.

□ I forgot it in the airplane seat pocket.
　비행기 좌석 주머니에 그걸 두고 온 걸 잊었어요.

04 Have you seen my ~?

제 ~ 보신 적 있으신가요?

🔊 **Have you seen my backpack?**
제 배낭 보신 적 있으신가요?

🔊 **Have you seen my umbrella?**
제 우산 보신 적 있으신가요?

05 Can you help me find my ~?

제 ~ 찾는 걸 도와주실 수 있나요?

🔊 **Can you help me find my phone?**
제 핸드폰 찾는 걸 도와주실 수 있나요?

🔊 **Can you help me find my suitcase?**
제 여행 가방 찾는 걸 도와주실 수 있나요?

06 It's really important to me.

그거 제게 정말 소중한 거예요.

🔊 **Please help me find it. It's really important to me.**
꼭 좀 찾게 도와주세요. 그거 제게 정말 소중한 거예요.

🔊 **I hope someone finds it. It's really important to me.**
누가 찾아주면 좋겠어요. 그거 제게 정말 소중한 거예요.

07 Is there a lost and found?

분실물 센터가 있나요?

🔊 **Is there a lost and found in this station?**
이 역에 분실물 센터가 있나요?

🔊 **Is there a lost and found in the building?**
이 건물에 분실물 센터가 있나요?

Theme 063

08 Did anyone turn in a/an ~?

누가 ~을/를 맡긴 적 있나요?

🔊 **Did anyone turn in a phone?**
누가 핸드폰을 맡긴 적 있나요?

🔊 **Did anyone turn in a watch?**
누가 시계를 맡긴 적 있나요?

09 Is there CCTV footage?

CCTV 영상이 있나요?

🔊 **Is there CCTV footage for the lobby?**
로비 CCTV 영상이 있나요?

🔊 **Is there CCTV footage from that time?**
그 시간대의 CCTV 영상이 있나요?

10 We'll contact you if we find ~.

~을/를 찾게 되면 연락드릴게요.

🔊 **We'll contact you if we find your phone.**
핸드폰을 찾게 되면 연락드릴게요.

🔊 **We'll contact you if we find the item you described.**
말씀하신 물건을 찾게 되면 연락드릴게요.

📇 문장 속 단어 & 표현 총정리

01 passport 여권 **02** wallet 지갑 **03** bathroom 화장실, airplane seat 비행기 좌석, pocket 주머니 **04** backpack 배낭 **05** suitcase 여행 가방 **06** find 찾다, important 중요한 **07** lost and found 분실물 센터 **08** turn in 맡기다, watch 손목시계 **09** footage (영상) 화면[장면] **10** item 물건, describe 묘사하다

Theme 064 경찰 신고

패턴과 문장들을 3회독씩 학습하며 박스(□)에 체크 표시를 하고, 좌측의 음원 QR코드를 찍어 문장들을 듣고 따라 말하세요.

01 Where is the nearest police station?

가장 가까운 경찰서가 어디예요?

Excuse me, where is the nearest police station?
실례지만, 가장 가까운 경찰서가 어디예요?

Where is the nearest police station from here?
여기서 가장 가까운 경찰서가 어디예요?

02 I'd like to report ~.

~을/를 신고하고 싶어요.

I'd like to report a theft.
도난 사건을 신고하고 싶어요.

I'd like to report a suspicious person.
수상한 사람을 신고하고 싶어요.

03 I need a translator.

통역사가 필요해요.

I need a translator. I don't speak English well.
통역사가 필요해요. 저 영어를 잘 못해요.

I need a translator to explain what happened.
무슨 일이 있었는지 설명하려면 통역사가 필요해요.

04 Someone stole my ~.

누가 제 ~을/를 훔쳤어요.

🔊 **Someone stole my** phone.
누가 제 핸드폰을 훔쳤어요.

🔊 **Someone stole my** wallet.
누가 제 지갑을 훔쳤어요.

05 My ~ is missing.

제 ~이/가 없어졌어요.

🔊 **My** passport **is missing**.
제 여권이 없어졌어요.

🔊 **My** backpack **is missing**.
제 배낭이 없어졌어요.

06 They took my ~.

그들이 제 ~을/를 가져갔어요.

🔊 **They took my** bag and ran away.
그들이 제 가방을 가지고 도망쳤어요.

🔊 **They took my** phone while I wasn't looking.
제가 한눈판 사이에 그들이 핸드폰을 가져갔어요.

07 I saw someone ~.

누가 ~하는 걸 봤어요.

🔊 **I saw someone** break into the store.
누가 가게에 침입하는 걸 봤어요.

🔊 **I saw someone** stealing a bag.
누가 가방을 훔쳐가는 걸 봤어요.

08 He/She ran away that way.

- 그 사람이 저쪽으로 도망쳤어요.
- **She ran away that way** with my bag.
  그 사람이 제 가방을 가지고 저쪽으로 도망쳤어요.
- **He ran away that way**, wearing a red shirt.
  빨간 셔츠를 입은 그 사람이 저쪽으로 도망쳤어요.

09 I think someone's following me.

- 누군가 절 따라오는 것 같아요.
- **I think someone's following me** from the station.
  역에서부터 누가 절 따라오는 것 같아요.
- **I think someone's following me.** I feel unsafe.
  누가 따라오는 것 같아요. 불안해요.

10 Can you send an officer?

- 경찰관을 보내주실 수 있나요?
- **Can you send an officer** right away?
  지금 바로 경찰관을 보내주실 수 있나요?
- **Can you send an officer** to my location?
  제 위치로 경찰관을 보내주실 수 있나요?

📅 문장 속 단어 & 표현 총정리

01 **nearest** 가장 가까운, **police station** 경찰서 02 **report** 신고하다, **theft** 도난, **suspicious** 수상한 03 **translator** 통역사, **explain** 설명하다 04 **steal** 훔치다 05 **passport** 여권 06 **take** 가져가다 07 **break into** ~ ~에 침입하다, **store** 가게 08 **run away** 도망가다 09 **follow** 따라가다, **unsafe** 불안한 10 **location** 위치

Theme 064

Theme 065
119 신고

패턴과 문장들을 3회독씩 학습하며 박스(□)에 체크 표시를 하고, 좌측의 음원 QR코드를 찍어 문장들을 듣고 따라 말하세요.

01 I need an ambulance.

- 구급차가 필요해요.
- **I need an ambulance** right away.
  지금 당장 구급차가 필요해요.
- **I need an ambulance** at this address.
  이 주소로 구급차가 필요해요[와야 해요].

02 There's been an accident.

- 사고가 났어요.
- **There's been an accident** on the highway.
  고속도로에서 사고가 났어요.
- **There's been an accident** outside my building.
  우리 건물 밖에서 사고가 났어요.

03 There's been a car accident.

- 교통사고가 났어요.
- **There's been a car accident** at the intersection.
  교차로에서 교통사고가 났어요.
- **There's been a car accident** near the school.
  학교 근처에서 교통사고가 났어요.

04 There's smoke coming out.

연기가 나고 있어요.

🔊 **There's smoke coming out** of the kitchen.
부엌에서 연기가 나고 있어요.

🔊 **There's smoke coming out** of the basement.
지하에서 연기가 나고 있어요.

05 There's a fire.

불이 났어요.

🔊 **There's a fire** in my apartment.
제 아파트에 불이 났어요.

🔊 **There's a fire** on the third floor.
3층에서 불이 났어요.

06 There's a medical emergency.

의료 응급 상황이 발생했어요.

🔊 **There's a medical emergency** in my house.
집에서 의료 응급 상황이 발생했어요.

🔊 **There's a medical emergency** in the elevator.
엘리베이터 안에서 의료 응급 상황이 발생했어요.

07 Someone is unconscious.

누군가 의식을 잃었어요.

🔊 **Someone is unconscious** and not breathing.
누군가 의식을 잃고 숨을 쉬지 않아요.

🔊 **Someone is unconscious** after falling.
누군가 넘어져서 의식을 잃었어요.

Theme 065

08 We're trapped.

저희가 갇혀 있어요.

🔊 **We're trapped** in the elevator.
저희가 엘리베이터에 갇혀 있어요.

🔊 **We're trapped** in the room with smoke.
저희가 연기 나는 방 안에 갇혀 있어요.

09 My location is ~.

제 위치는 ~예요.

🔊 **My location is** near City Hall.
제 위치는 시청 근처예요.

🔊 **My location is** 123 Main Street.
제 위치는 메인 스트리트 123번지예요.

10 Please stay on the line.

전화 끊지 말고 계세요.

🔊 **Please stay on the line** while I dispatch help.
구조 인력을 보내는 동안 전화 끊지 말고 계세요.

🔊 **Please stay on the line** and tell me what you see.
전화를 끊지 말고 계시고, 지금 보이는 걸 말해 주세요.

📅 문장 속 단어 & 표현 총정리

01 ambulance 구급차, address 주소 **02** highway 고속도로, outside ~밖에서 **03** intersection 교차로 **04** smoke 연기, basement 지하 **05** apartment 아파트, floor 층 **06** medical 의료의, emergency 응급 상황 **07** unconscious 의식 없는 **08** trapped 갇힌 **09** location 위치 **10** dispatch 보내다[파견하다]

Theme 066 제품 문의

오늘의 학습 날짜 ○ 월 ○ 일

🎧 MP3_066

패턴과 문장들을 3회독씩 학습하며 박스(☐)에 체크 표시를 하고, 좌측의 음원 QR코드를 찍어 문장들을 듣고 따라 말하세요.

01 What is ~ made of?

☐ ~은/는 뭘로[어떤 소재로] 만들어졌나요?

☐ 📢 **What is this bag made of?**
이 가방은 어떤 소재로 만들어졌나요?

📢 **What is this chair made of?**
이 의자는 어떤 소재로 만들어졌나요?

02 What are the ingredients in[of] ~?

☐ ~에 들어 있는[~의] 성분이 뭐예요?

☐ 📢 **What are the ingredients in this lotion?**
이 로션에 들어 있는 성분이 뭐예요?

📢 **What are the ingredients of this supplement?**
이 보조제의 성분이 뭐예요?

03 Is ~ available in other colors?

☐ ~은/는 다른 색상도 있나요?

☐ 📢 **Is this shirt available in other colors?**
이 셔츠는 다른 색상도 있나요?

📢 **Is this phone case available in other colors?**
이 휴대폰 케이스는 다른 색상도 있나요?

04　Is ~ a limited edition?

~은/는 한정판인가요?

🔊 **Is this watch a limited edition?**
이 시계는 한정판인가요?

🔊 **Is this color a limited edition?**
이 색상은 한정판인가요?

05　Does this come with ~?

이 제품엔 ~이/가 포함되어 있나요?

🔊 **Does this come with a charger?**
이 제품엔 충전기가 포함되어 있나요?

🔊 **Does this come with a user manual?**
이 제품엔 사용 설명서가 포함되어 있나요?

06　Is ~ rechargeable?

~은/는 충전식인가요?

🔊 **Is this flashlight rechargeable?**
이 손전등은 충전식인가요?

🔊 **Is the battery rechargeable or replaceable?**
이 배터리는 충전식인가요, 교체형인가요?

07　Is ~ compatible with ~?

~은/는 ~랑 호환되나요?

🔊 **Is this keyboard compatible with Mac?**
이 키보드는 맥과 호환되나요?

🔊 **Is this software compatible with Windows 11?**
이 소프트웨어는 윈도우 11과 호환되나요?

08 Does ~ require assembly?

~은/는 조립이 필요한가요?

🔊 **Does this desk require assembly?**
이 책상은 조립이 필요한가요?

🔊 **Does this wardrobe require assembly?**
이 옷장은 조립이 필요한가요?

09 How long is the warranty?

보증 기간은 얼마나 되나요?

🔊 **How long is the warranty on this product?**
이 제품의 보증 기간은 얼마나 되나요?

🔊 **How long is the warranty for this laptop?**
이 노트북의 보증 기간은 얼마나 되나요?

10 Do you offer a bulk discount?

대량 구매 할인이 있나요?

🔊 **Do you offer a bulk discount for 50 units?**
50개 이상이면 대량 구매 할인이 있나요?

🔊 **Do you offer a bulk discount for schools?**
학교용 대량 구매 할인이 있나요?

📅 문장 속 단어 & 표현 총정리

01 be made of ~ ~으로 만들어지다 02 ingredient 성분, supplement 보조제 03 available 유효한[이용 가능한] 04 limited edition 한정판 05 charger 충전기, manual 사용 설명서 06 replaceable 교체형인 07 compatible 호환이 되는 08 assembly 조립 09 laptop 노트북 10 bulk discount 대량 구매 할인

Theme 066 217

Theme 067
취소 & 환불

01 I'd like to cancel my reservation.

예약을 취소하고 싶어요.

🔊 **I'd like to cancel my reservation** for tonight.
오늘 밤 예약을 취소하고 싶어요.

🔊 **I'd like to cancel my reservation** under the name Kim.
김이라는 이름으로 된 예약을 취소하고 싶어요.

02 I need to cancel due to ~.

~ 때문에 취소해야 해요.

🔊 **I need to cancel due to** a schedule change.
일정 변경 때문에 취소해야 해요.

🔊 **I need to cancel due to** an emergency.
긴급 상황 때문에 취소해야 해요.

03 Could I cancel my order?

주문을 취소할 수 있을까요?

🔊 **Could I cancel my order** for the jacket?
그 재킷 주문을 취소할 수 있을까요?

🔊 **Could I cancel my order** before it ships?
발송되기 전에 주문을 취소할 수 있을까요?

04 Can I get a refund?

환불받을 수 있을까요?

Can I get a refund if I cancel today?
오늘 취소하면 환불받을 수 있을까요?

Can I get a refund for the unused ticket?
사용하지 않은 티켓은 환불받을 수 있을까요?

05 May I get a partial refund?

부분 환불받을 수 있을까요?

May I get a partial refund for the damaged pages?
손상된 페이지에 대해 부분 환불받을 수 있을까요?

May I get a partial refund instead of a full one?
전액 대신 부분 환불받을 수 있을까요?

06 I changed my mind.

마음이 바뀌었어요.

I changed my mind about the purchase.
그 구매에 대해 마음이 바뀌었어요.

I changed my mind and don't need it anymore.
마음이 바뀌어서 더 이상 필요하지 않아요.

07 It didn't work as expected.

기대한 대로 작동하지 않았어요.

It didn't work as expected and I'd like to cancel.
기대한 대로 작동하지 않아서 취소하고 싶어요.

It didn't work as expected, so I want a refund.
기대한 대로 작동하지 않아서 환불받고 싶어요.

Theme 067

08 The product arrived damaged.

상품이 손상된 상태로 도착했어요.

🔊 **The product arrived damaged**, so I want a refund.
상품이 손상된 상태로 도착해서 환불받고 싶어요.

🔊 **The product arrived damaged** due to poor packaging.
포장이 부실해서 상품이 손상된 상태로 도착했어요.

09 Is there a cancellation fee?

취소 수수료가 있나요?

🔊 **Is there a cancellation fee** for this ticket?
이 티켓은 취소 수수료가 있나요?

🔊 **Is there a cancellation fee** if I cancel today?
오늘 취소하면 취소 수수료가 있나요?

10 Is it too late to cancel?

취소하기엔 너무 늦었나요?

🔊 **Is it too late to cancel** my flight?
비행기 예약을 취소하기엔 너무 늦었나요?

🔊 **Is it too late to cancel** the appointment?
그 예약을 취소하기엔 너무 늦었나요?

📅 문장 속 단어 & 표현 총정리

01 reservation 예약 **02** emergency 긴급 상황 **03** ship 발송[수송]하다 **04** refund 환불, unused 사용하지 않은 **05** partial 부분적인, damaged 손상된 **06** purchase 구매 **07** work 작동하다, expect 기대[예상]하다 **08** arrive 도착하다, packing 포장 **09** cancellation fee 취소 수수료 **10** appointment 약속[예약]

Theme 068 교환 & 반품

01 I'd like to return[exchange] ~.

~을/를 반품[교환]하고 싶어요.

I'd like to return this jacket.
이 재킷을 반품하고 싶어요.

I'd like to exchange this damaged item.
손상된 이 물건을 교환하고 싶어요.

02 Can I return[exchange] this?

이거 반품[교환]할 수 있을까요?

Can I return this without the receipt?
영수증 없이도 이거 반품할 수 있을까요?

Can I exchange this for a different color?
이거 다른 색상으로 교환할 수 있을까요?

03 Do you accept returns[exchanges]?

반품[교환] 받으시나요[가능한가요]?

Do you accept returns after 14 days?
14일 이후에도 반품 받으시나요?

Do you accept exchanges for sale items?
세일 상품도 교환 가능한가요?

04 I bought the wrong size.

☐ 잘못된 사이즈를 샀어요.

🔊 **I bought the wrong size** online.
온라인에서 잘못된 사이즈를 샀어요.

🔊 **I bought the wrong size** and need to exchange it.
잘못된 사이즈를 사서 교환해야 해요.

05 I received the wrong item.

☐ 잘못된 상품을 받았어요.

🔊 **I received the wrong item.** Can you help?
잘못된 상품을 받았어요. 도와주실 수 있나요?

🔊 **I received the wrong item** and want an exchange.
잘못된 상품을 받아서 교환하고 싶어요.

06 I'd like to exchange it for ~.

☐ ~으로 교환하고 싶어요.

🔊 **I'd like to exchange it for** a larger size.
더 큰 사이즈로 교환하고 싶어요.

🔊 **I'd like to exchange it for** a new one.
새 제품으로 교환하고 싶어요.

07 I'd like to get a different one.

☐ 다른 걸로 받고 싶어요.

🔊 **I'd like to get a different one** in blue.
파란 색상의 다른 걸로 받고 싶어요.

🔊 **I'd like to get a different one** that works.
제대로 작동하는 다른 걸로 받고 싶어요.

08 Do I need the original packaging?

원래 포장이 필요하나요?

Do I need the original packaging for a return?
반품하려면 원래 포장이 필요하나요?

Do I need the original packaging to exchange this?
이걸 교환하려면 원래 포장이 필요한가요?

09 I don't have the receipt.

영수증이 없어요.

I don't have the receipt. Can I still return it?
영수증이 없어요. 그래도 반품할 수 있을까요?

I don't have the receipt. Is an exchange possible?
영수증이 없어요. 교환 가능할까요?

10 The return period has passed.

반품 기간이 지났어요.

The return period has passed. What can I do?
반품 기간이 지났어요. 어떻게 해야 하나요?

The return period has passed, but can I exchange it?
반품 기간이 지났지만, 교환할 수 있을까요?

문장 속 단어 & 표현 총정리

01 return 반품하다, exchange 교환하다, damaged 손상된 **02** without ~없이, receipt 영수증 **03** accept 받아들이다 **04** wrong 잘못된 **05** receive 받다, item 물건[상품] **06** larger 더 큰 **07** in blue 파란 색상의, work 작동하다 **08** original 원래의, packaging 포장 **09** possible 가능한 **10** period 기간, pass 지나다

Theme 068

Theme 069 배송 문의

MP3_069

패턴과 문장들을 3회독씩 학습하며 박스(□)에 체크 표시를 하고, 좌측의 음원 QR코드를 찍어 문장들을 듣고 따라 말하세요.

01 Can you check the delivery status?

배송 상태를 확인해 주실 수 있나요?

Can you check the delivery status of my order?
제 주문의 배송 상태를 확인해 주실 수 있나요?

Can you check the delivery status? It's still not here.
배송 상태를 확인해 주실 수 있나요? 아직 안 왔어요.

02 Is my package on the way?

제 소포가 배송 중인가요?

Is my package on the way? I need it by Friday.
제 소포가 배송 중인가요? 금요일까지 필요해요.

Is my package on the way or still at the warehouse?
제 소포가 배송 중인가요, 아직 창고에 있나요?

03 What's the estimated delivery date?

예상 배송일이 언제인가요?

What's the estimated delivery date for this item?
이 상품의 예상 배송일이 언제인가요?

What's the estimated delivery date if I order today?
오늘 주문하면 예상 배송일이 언제인가요?

04 I need this delivered by ~.

이걸 ~까지 배송받고 싶어요.

📢 **I need this delivered by** Monday for a gift.
이걸 선물용으로 월요일까지 받고 싶어요.

📢 **I need this delivered by** Friday. Is that possible?
이걸 금요일까지 배송받고 싶어요. 가능할까요?

05 Can I get a tracking number?

배송 추적 번호를 받을 수 있을까요?

📢 **Can I get a tracking number** for my order?
제 주문의 배송 추적 번호를 받을 수 있을까요?

📢 **Can I get a tracking number** sent to my email?
제 이메일로 배송 추적 번호를 받을 수 있을까요?

06 Can I change the delivery address?

배송 주소를 바꿀 수 있을까요?

📢 **Can I change the delivery address** before it ships?
발송 전에 배송 주소를 바꿀 수 있을까요?

📢 **Can I change the delivery address** to my office?
사무실로 배송 주소를 바꿀 수 있을까요?

07 Where is my order?

제 주문은 어디에 있나요?

📢 **Where is my order** placed on July 1st?
7월 1일에 한 제 주문은 어디에 있나요?

📢 **Where is my order?** It hasn't arrived yet.
제 주문은 어디에 있나요? 안 도착했어요.

08 The delivery is delayed.

배송이 지연되고 있어요.

🔊 **The delivery is delayed**, and I need it urgently.
배송이 지연되고 있는데, 제가 급하게 필요해요.

🔊 **The delivery is delayed.** Can you check the status?
배송이 지연되고 있어요. 상태를 확인해 주실 수 있나요?

09 I haven't received my package.

제 소포를 받지 못했어요.

🔊 **I haven't received my package**, but it says delivered.
제 소포를 받지 못했는데, 배송 완료라고 하네요.

🔊 **I haven't received my package** even after a week.
일주일이 지났는데도 제 소포를 받지 못했어요.

10 I think my package is lost.

제 소포가 분실된 것 같아요.

🔊 **I think my package is lost.** It's been 2 weeks.
제 소포가 분실된 것 같아요. 2주가 지났어요.

🔊 **I think my package is lost.** Can you look into it?
제 소포가 분실된 것 같아요. 확인해 주실 수 있나요?

📅 문장 속 단어 & 표현 총정리

01 delivery status 배송 상태 02 package 소포 03 estimate 추정하다 04 gift 선물, possible 가능한 05 tracking number 추적 번호 06 delivery address 배송 주소, ship 발송[운송]하다 07 place (주문을) 하다, arrive 도착하다 08 delayed 지연된, urgently 급하게 09 receive 받다 10 lost 분실된, look into ~ ~을 살펴보다

Theme 070 설치 문의

MP3_070

패턴과 문장들을 3회독씩 학습하며 박스(□)에 체크 표시를 하고, 좌측의 음원 QR코드를 찍어 문장들을 듣고 따라 말하세요.

01 I'd like to schedule an installation.

설치 일정을 잡고 싶어요.

I'd like to schedule an installation next week.
다음 주에 설치 일정을 잡고 싶어요.

I'd like to schedule an installation for the new TV.
새 TV 설치 일정을 잡고 싶어요.

02 When can you install it?

언제 설치해 주실 수 있나요?

When can you install it at my apartment?
제 아파트에 언제 설치해 주실 수 있나요?

When can you install it if I order today?
오늘 주문하면 언제 설치해 주실 수 있나요?

03 Is installation available on ~?

~에도 설치 가능한가요?

Is installation available on weekends?
주말에도 설치 가능한가요?

Is installation available on Sundays?
일요일에도 설치 가능한가요?

04 Can I reschedule the installation?

설치 일정을 변경할 수 있을까요?

🔊 **Can I reschedule the installation to next Monday?**
다음 주 월요일로 설치 일정을 변경할 수 있을까요?

🔊 **Can I reschedule the installation for the afternoon?**
오후로 설치 일정을 변경할 수 있을까요?

05 How long does the installation take?

설치는 얼마나 걸리나요?

🔊 **How long does the installation usually take?**
설치는 보통 얼마나 걸리나요?

🔊 **How long does the installation take for a dishwasher?**
식기세척기 설치는 얼마나 걸리나요?

06 Is installation included in/with ~?

~에 설치가 포함되어 있나요?

🔊 **Is installation included in the price?**
가격에 설치가 포함되어 있나요?

🔊 **Is installation included with this product?**
이 제품에 설치가 포함되어 있나요?

07 I was told installation is free.

설치가 무료라고 들었어요.

🔊 **I was told installation is free for new customers.**
신규 고객은 설치가 무료라고 들었어요.

🔊 **I was told installation is free if I buy it online.**
온라인 구매 시 설치가 무료라고 들었어요.

08 Can you install ~ on the wall[ceiling]?

~을/를 벽[천장]에 설치해 주실 수 있나요?

🔊 **Can you install the TV on the wall?**
TV를 벽에 설치해 주실 수 있나요?

🔊 **Can you install the projector on the ceiling?**
프로젝터를 천장에 설치할 수 있나요?

09 The installer didn't show up.

설치 기사님이 안 오셨어요.

🔊 **The installer didn't show up this morning.**
오늘 아침에 설치 기사님이 안 오셨어요.

🔊 **The installer didn't show up, and I didn't get a call.**
설치 기사님이 안 오셨고, 연락도 없었어요.

10 I'm not satisfied with the installation.

설치가 마음에 안 들어요.

🔊 **I'm not satisfied with the installation. It's not level.**
설치가 마음에 안 들어요. 수평이 맞지 않아요.

🔊 **I'm not satisfied with the installation. It looks messy.**
설치가 마음에 안 들어요. 너무 지저분해 보여요.

📅 문장 속 단어 & 표현 총정리

01 schedule 일정을 잡다, installation 설치 **02** install 설치하다 **03** available 가능한 **04** reschedule 일정을 변경하다[다시 잡다] **05** dishwasher 식기세척기 **06** included 포함된 **07** free 무료, customer 고객 **08** wall 벽, ceiling 천장 **09** installer 설치 기사, show up 나타나다 **10** level 평평한, messy 지저분한

Theme 070

Theme 071
수리 요청

MP3_071

패턴과 문장들을 3회독씩 학습하며 박스(□)에 체크 표시를 하고, 좌측의 음원 QR코드를 찍어 문장들을 듣고 따라 말하세요.

01 ~ is not working properly.

~이/가 제대로 작동하지 않아요.

📢 **The washing machine is not working properly.**
세탁기가 제대로 작동하지 않아요.

📢 **My phone is not working properly after the update.**
업데이트 후 휴대폰이 제대로 작동하지 않아요.

02 ~ stopped working.

~이/가 작동이 멈췄어요.

📢 **My laptop suddenly stopped working.**
노트북이 갑자기 작동을 멈췄어요.

📢 **The fan just stopped working after a power outage.**
정전 후 선풍기가 작동을 멈췄어요.

03 ~ is making a strange noise.

~에서 이상한 소리가 나요.

📢 **The washing machine is making a strange noise.**
세탁기에서 이상한 소리가 나요.

📢 **My car is making a strange noise when I start it.**
시동 걸 때 차에서 이상한 소리가 나요.

04 ~ needs to be repaired.

~은/는/이/가 수리가 필요해요.

🔊 **This machine needs to be repaired immediately.**
이 기계는 즉시 수리가 필요해요.

🔊 **The sink needs to be repaired. It's leaking.**
싱크대가 수리가 필요해요. 물이 새요.

05 I'd like to request a repair.

수리를 요청하고 싶어요.

🔊 **I'd like to request a repair for my refrigerator.**
냉장고 수리를 요청하고 싶어요.

🔊 **I'd like to request a repair under warranty.**
보증 기간 내 수리를 요청하고 싶어요.

06 Can you take a look at ~?

~ 좀 봐 주실 수 있나요?

🔊 **Can you take a look at the printer?**
프린터 좀 봐 주실 수 있나요?

🔊 **Can you take a look at this air conditioner?**
이 에어컨 좀 봐 주실 수 있나요?

07 Can it be repaired?

이거 수리 가능한가요?

🔊 **The screen is cracked. Can it be repaired?**
화면이 깨졌는데, 이거 수리 가능할까요?

🔊 **Can it be repaired, or do I need to replace it?**
이거 수리 가능할까요, 아니면 교체해야 하나요?

Theme 071

08 Can I schedule a repair?

수리 일정을 잡을 수 있을까요?

🔊 **Can I schedule a repair next week?**
다음 주에 수리 일정을 잡을 수 있을까요?

🔊 **Can I schedule a repair for this Friday?**
이번 주 금요일로 수리 일정을 잡을 수 있을까요?

09 I'd like a repair estimate.

수리 견적을 받고 싶어요.

🔊 **I'd like a repair estimate for this appliance.**
이 가전제품의 수리 견적을 받고 싶어요.

🔊 **I'd like a repair estimate before you start.**
시작하시기 전에 수리 견적을 받고 싶어요.

10 How much will the repair cost?

수리비가 얼마나 들까요?

🔊 **How much will the repair cost for this model?**
이 모델은 수리비가 얼마나 들까요?

🔊 **How much will the repair cost if I bring it in?**
제가 직접 가져가면 수리비가 얼마나 들까요?

📅 문장 속 단어 & 표현 총정리

01 washing machine 세탁기 **02** laptop 노트북, fan 선풍기, power outage 정전 **03** strange 이상한, noise 소음 **04** leak 새다 **05** repair 수리(하다), refrigerator 냉장고, warranty 보증 기간 **06** air conditioner 에어컨 **07** crack 깨지다 **08** schedule 일정을 잡다 **09** estimate 추정[추산]하다 **10** repair cost 수리비

Theme 072 업무 전화

패턴과 문장들을 3회독씩 학습하며 박스(☐)에 체크 표시를 하고, 좌측의 음원 QR코드를 찍어 문장들을 듣고 따라 말하세요.

01 This is ~ from ~.

~의 ~입니다.

This is Rachel from the marketing team.
마케팅팀의 레이첼입니다.

This is Kevin from customer support.
고객지원팀의 케빈입니다.

02 I'm calling about ~.

~에 대해 전화드렸습니다.

I'm calling about your recent inquiry.
최근 문의 건에 대해 전화드렸습니다.

I'm calling about the shipment delay.
배송 지연 건에 대해 전화드렸습니다.

03 Is now a good time to talk?

지금 통화 괜찮으세요?

Is now a good time to talk about the proposal?
제안서와 관련해 지금 통화 괜찮으세요?

Is now a good time to talk or should I call back later?
지금 통화 괜찮으세요, 아니면 나중에 다시 전화드릴까요?

04 May I speak with ~?

~와/과 통화할 수 있을까요?

🔊 **May I speak with Mr. Kim?**
김 선생님과 통화할 수 있을까요?

🔊 **May I speak with the person in charge of billing?**
결제 담당자와 통화할 수 있을까요?

05 I'll put you on hold.

잠시만 기다려 주세요.

🔊 **I'll put you on hold while I check.**
확인하는 동안 잠시만 기다려 주세요.

🔊 **I'll put you on hold and transfer the call.**
잠시만 기다리시면 전화를 넘겨 드릴게요.

06 Thanks for holding.

기다려 주셔서 감사합니다.

🔊 **Thanks for holding. I have the answer now.**
기다려 주셔서 감사합니다. 지금 답변 드릴게요.

🔊 **Thanks for holding. I'm transferring your call now.**
기다려 주셔서 감사합니다. 이제 전화 넘겨 드릴게요.

07 Let me connect you to ~.

~으로 연결해 드릴게요.

🔊 **Let me connect you to the sales department.**
영업팀으로 연결해 드릴게요.

🔊 **One moment, let me connect you to Mr. Park.**
잠시만요, 박 선생님께 연결해 드릴게요.

08 He/She is not available right now.

(그는/그녀는) 지금은 통화가 어렵습니다.

🔊 **I'm sorry, she is not available right now.**
죄송하지만 지금은 통화가 어렵습니다.

🔊 **He's not available right now. Can I take a message?**
지금은 통화가 어렵습니다. 메시지를 받아드릴까요?

09 Can I leave a message?

메시지를 남길 수 있을까요?

🔊 **Can I leave a message for Mr. Lee?**
이 선생님께 메시지를 남길 수 있을까요?

🔊 **Can I leave a message with my phone number?**
제 전화번호와 함께 메시지를 남길 수 있을까요?

10 Can you speak a little slower, please?

조금만 천천히 말씀해 주시겠어요?

🔊 **I'm sorry, can you speak a little slower, please?**
죄송하지만, 조금만 천천히 말씀해 주시겠어요?

🔊 **I didn't catch that. Can you speak a little slower?**
잘 못 들었어요. 조금만 천천히 말씀해 주시겠어요?

📅 문장 속 단어 & 표현 총정리

01 customer support 고객지원팀 02 inquiry 문의, shipment 배송 03 proposal 제안(서), call back 다시 전화하다 04 the person in charge of ~ ~의 팀당자, billing 결제 05 transfer 넘기다/놓기다 06 answer 답하다 07 sales department 영업팀 08 available 가능한 09 phone number 전화번호 10 catch 알아듣다

Theme 073
업무 회의

MP3_073

패턴과 문장들을 3회독씩 학습하며 박스(□)에 체크 표시를 하고, 좌측의 음원 QR코드를 찍어 문장들을 듣고 따라 말하세요.

01 Let's get started.

시작하겠습니다.

Let's get started with today's agenda.
오늘의 안건부터 시작하겠습니다.

Let's get started before we run out of time.
시간이 부족해지기 전에 시작하겠습니다.

02 The purpose of this meeting is to ~.

이번 회의의 목적은 ~입니다.

The purpose of this meeting is to finalize the plan.
이번 회의의 목적은 계획을 확정하는 것입니다.

The purpose of this meeting is to review the budget.
이번 회의의 목적은 예산을 검토하는 것입니다.

03 Let's move on to ~.

~으로 넘어가겠습니다.

Let's move on to the next topic.
다음 주제로 넘어가겠습니다.

Let's move on to marketing updates.
마케팅 업데이트로 넘어가겠습니다.

04 Can we go back to ~?

~으로 다시 돌아가도 될까요?

🔊 **Can we go back to the budget discussion?**
예산 논의로 다시 돌아가도 될까요?

🔊 **Can we go back to what John mentioned earlier?**
아까 존이 언급한 내용으로 다시 돌아가도 될까요?

05 Could you clarify that ~?

그 ~을/를 좀 명확히 주시겠어요?

🔊 **Could you clarify that last part?**
그 마지막 부분을 좀 명확히 주시겠어요?

🔊 **Could you clarify that point about the timeline?**
그 일정에 대한 부분을 좀 명확히 주시겠어요?

06 Let's hear from ~.

~의 의견을 들어봅시다.

🔊 **Let's hear from David on this.**
이 부분에 대해 데이비드의 의견을 들어봅시다.

🔊 **Let's hear from someone in the marketing team.**
마케팅팀 쪽의 의견을 들어봅시다.

07 I'd like to add something.

한 가지 덧붙이고 싶습니다.

🔊 **I'd like to add something before we move on.**
넘어가기 전에 한 가지 덧붙이고 싶습니다

🔊 **I'd like to add something to what she said.**
그녀가 말한 것에 대해 한 가지 덧붙이고 싶습니다.

Theme 073

08 That's a great point.

좋은 지적이네요.

🔊 **That's a great point** about the timeline.
일정과 관련해 좋은 지적이네요.

🔊 **That's a great point.** Let's take that into account.
좋은 지적이네요. 그 점을 고려해 봅시다.

09 Let's take a vote.

표결합시다.

🔊 **Let's take a vote** on this issue.
이 안건에 대해 표결합시다.

🔊 If we can't agree, **let's take a vote**.
의견이 안 모이면 표결합시다.

10 Let's wrap up.

이제 마무리하죠.

🔊 It's almost noon. **Let's wrap up** here.
곧 정오네요. 여기서 이제 마무리하죠.

🔊 **Let's wrap up** and summarize the key points.
이제 마무리하고 핵심만 요약하죠.

📅 문장 속 단어 & 표현 총정리

01 get started 시작하다, agenda 안건, run out of ~ ~이 부족하다 **02** purpose 의도[목적], finalize 확정하다, budget 예산 **03** topic 주제 **04** discussion 논의 **05** clarify 명확히 하다 **06** marketing team 마케팅팀 **07** add 덧붙이다 **08** take into account 고려하다 **09** issue 이슈[안건] **10** summarize 요약하다

Theme 074 프레젠테이션

MP3_074

패턴과 문장들을 3회독씩 학습하며 박스(☐)에 체크 표시를 하고, 좌측의 음원 QR코드를 찍어 문장들을 듣고 따라 말하세요.

01 Today, I'll be talking about ~.

오늘은 ~에 대해 말씀드리겠습니다.

🔊 **Today, I'll be talking about our Q2 results.**
오늘은 2분기 실적에 대해 말씀드리겠습니다.

🔊 **Today, I'll be talking about the new strategy.**
오늘은 새로운 전략에 대해 말씀드리겠습니다.

02 As you can see on this slide, ~.

이 슬라이드에서 보시다시피, ~입니다.

🔊 **As you can see on this slide, sales increased steadily.**
이 슬라이드에서 보시다시피, 매출이 꾸준히 증가했습니다.

🔊 **As you can see on this slide, the trend is upward.**
이 슬라이드에서 보시다시피, 추세는 상승세입니다.

03 According to our data, ~.

자료에 따르면, ~입니다.

🔊 **According to our data, sales dipped in Q3.**
자료에 따르면, 3분기 매출이 감소했습니다.

🔊 **According to our data, customer retention improved.**
자료에 따르면, 고객 유지율이 향상되었습니다.

04　Let me give you an example of ~.

~의 예를 하나 들어보겠습니다.

🔊 **Let me give you an example** of a successful case.
성공 케이스 예를 하나 들어보겠습니다.

🔊 **Let me give you an example** of what I mean.
제 말이 무슨 뜻인지 예를 하나 들어 보겠습니다.

05　I'd like to highlight ~.

저는 ~을/를 강조하고 싶습니다.

🔊 **I'd like to highlight** three main points.
저는 세 가지 주요 포인트를 강조하고 싶습니다.

🔊 **I'd like to highlight** the key findings of our survey.
저는 설문조사의 주요 결과를 강조하고 싶습니다.

06　Let's take a closer look at ~.

~을/를 좀 더 자세히 보겠습니다.

🔊 **Let's take a closer look at** the data.
데이터를 좀 더 자세히 보겠습니다.

🔊 **Let's take a closer look at** the feedback we received.
저희가 받은 피드백을 좀 더 자세히 보겠습니다.

07　Let's move on to ~.

~으로 넘어가겠습니다.

🔊 **Let's move on to** the next topic.
다음 주제로 넘어가겠습니다.

🔊 **Let's move on to** the budget section.
예산 부분으로 넘어가겠습니다.

08 To put it simply, ~.

간단히 말씀드리자면, ~입니다.

🔊 **To put it simply,** we need to cut costs.
간단히 말씀드리자면, 비용 절감이 필요합니다.

🔊 **To put it simply,** we have to change our strategy.
간단히 말씀드리자면, 전략을 바꿔야 합니다.

09 Here's a quick summary of ~.

여긴 ~의 간단한 요약입니다.

🔊 **Here's a quick summary of** our findings.
여긴 저희 조사 결과의 간단한 요약입니다.

🔊 **Here's a quick summary of** what we covered today.
여긴 오늘 다룬 내용의 간단한 요약입니다.

10 Thank you for your attention.

경청해 주셔서 감사드립니다.

🔊 **Thank you for your attention** today.
오늘 경청해 주셔서 감사드립니다.

🔊 **Thank you for your attention** and participation.
경청과 참여에 감사드립니다.

📖 문장 속 단어 & 표현 총정리

01 result 결과[실적], strategy 전략 02 increase 증가하다, upward 상승세인 03 dip 내려가다 04 retention 보유[유지], improve 향상되다 05 successful 성공적인 06 finding 결과, survey 설문조사 07 take a closer look 좀 더 자세히 보다 08 cost 비용 09 summary 요약, cover 다루다 10 participation 참여

Theme 075

입사 & 퇴사

MP3_075

패턴과 문장들을 3회독씩 학습하며 박스(□)에 체크 표시를 하고, 좌측의 음원 QR코드를 찍어 문장들을 듣고 따라 말하세요.

01 I just joined the company.

저는 (이제) 막 입사했습니다.

I just joined the company last week.
저는 지난주에 막 입사했습니다.

I just joined the company as a designer.
저는 디자이너로 이제 막 입사했습니다.

02 It's my first day here.

오늘이 제 첫 출근입니다.

It's my first day here, so I'm still learning.
오늘이 제 첫 출근이라 아직 배우고 있어요.

It's my first day here. Nice to meet you!
오늘이 제 첫 출근입니다. 만나서 반갑습니다!

03 I'm excited to be part of the team.

이 팀의 일원이 되어 기쁩니다.

I'm excited to be part of the team from today.
오늘부터 이 팀의 일원이 되어 기쁩니다.

I'm excited to be part of the team and contribute.
이 팀의 일원이 되어 기여할 수 있어서 기쁩니다.

04 I look forward to working with ~.

~와/과 함께 일하게 되어 기대됩니다.

🔊 **I look forward to working with all of you.**
여러분 모두와 함께 일하게 되어 기대됩니다.

🔊 **I look forward to working with you on this project.**
이 프로젝트에서 여러분과 함께 일하게 되어 기대됩니다.

05 I'm still getting used to ~.

~에 아직 적응 중이에요.

🔊 **I'm still getting used to the system.**
시스템에 아직 적응 중이에요.

🔊 **I'm still getting used to things around here.**
이곳 분위기에 아직 적응 중이에요.

06 I'm leaving the company.

저는 퇴사합니다[회사를 떠납니다].

🔊 **I'm leaving the company at the end of the month.**
저는 이달 말에 퇴사합니다.

🔊 **I'm leaving the company to pursue other goals.**
저는 다른 목표를 위해 회사를 떠납니다.

07 Today is my last day.

오늘이 제 마지막 근무일입니다.

🔊 **Today is my last day at the company.**
오늘이 회사에서의 제 마지막 근무일입니다.

🔊 **Today is my last day, and I wanted to say goodbye.**
오늘이 제 마지막 근무일이라 인사드리고 싶었어요.

08 It was great working with ~.

~와/과 함께 일해서 즐거웠습니다.

🔊 **It was great working with such a great team.**
이렇게 훌륭한 팀과 함께 일해서 즐거웠습니다

🔊 **It was great working with you on this project.**
이 프로젝트에서 여러분과 함께 일해서 즐거웠습니다.

09 I've learned a lot here.

이곳에서 많은 것을 배웠습니다.

🔊 **I've learned a lot here over the past two years.**
지난 2년 동안 이곳에서 많은 걸 배웠습니다.

🔊 **I've learned a lot here thanks to great colleagues.**
훌륭한 동료들 덕에 이곳에서 많은 걸 배웠습니다.

10 Please keep in touch.

계속 연락하며 지내요.

🔊 **Please keep in touch after I leave.**
제가 퇴사하더라도 계속 연락하며 지내요.

🔊 **Please keep in touch through email or LinkedIn.**
이메일이나 링크드인으로 계속 연락하며 지내요.

📅 문장 속 단어 & 표현 총정리

01 join 합류하다 **02** learn 배우다 **03** contribute 기여하다 **04** look forward to ~ ~을 기대하다 **05** get used to ~ ~에 적응하다 **06** leave the company 퇴사하다, goal 목표 **07** say goodbye 작별 인사를 하다 **08** such 이렇게 ~한 **09** thanks to ~ ~덕분에, colleague 동료 **10** keep in touch 계속 연락을 하고 지내다

Theme 076 주거 임대

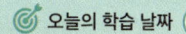

오늘의 학습 날짜 ◯ 월 ◯ 일

MP3_076

패턴과 문장들을 3회독씩 학습하며 박스(□)에 체크 표시를 하고, 좌측의 음원 QR코드를 찍어 문장들을 듣고 따라 말하세요.

01 I'm looking for a place to rent.

□ 임대할 집을 찾고 있어요.

□ **I'm looking for a place to rent** near downtown.
시내 근처에 임대할 집을 찾고 있어요.

I'm looking for a place to rent starting next month.
다음 달부터 임대할 집을 찾고 있어요.

02 Do you have any listings available?

□ 임대 가능한 매물 있나요?

□ **Do you have any listings available** in this area?
이 지역에 임대 가능한 매물 있나요?

Do you have any listings available within my budget?
제 예산 범위 내에 임대 가능한 매물 있나요?

03 How much is the monthly rent?

□ 월세가 얼마예요?

□ **How much is the monthly rent** for this apartment?
이 아파트는 월세가 얼마예요?

How much is the monthly rent including utilities?
공과금 포함해서 월세가 얼마예요?

04 What's included in the rent?

월세엔 어떤 게 포함돼 있나요?

🔊 **What's included in the rent for this unit?**
이 집 월세엔 어떤 게 포함되어 있나요?

🔊 **What's included in the rent? Utilities, internet?**
월세엔 어떤 게 포함돼 있나요? 공과금, 인터넷?

05 Is a security deposit required?

보증금이 필요한가요[내야 하나요]?

🔊 **Is a security deposit required for this unit?**
이 집은 보증금이 필요한가요?

🔊 **Is a security deposit required upfront?**
처음에 보증금을 내야 하나요?

06 How long is the lease term?

임대 기간은 얼마나 되나요?

🔊 **How long is the lease term for this apartment?**
이 아파트의 임대 기간은 얼마나 되나요?

🔊 **How long is the lease term, and can it be extended?**
임대 기간이 얼마나 되고, 연장할 수 있나요?

07 When is the move-in date?

입주 날짜가 언제인가요?

🔊 **When is the move-in date for this unit?**
이 집은 입주 날짜가 언제인가요?

🔊 **When is the move-in date, and is it flexible?**
입주 날짜가 언제이며, 조정이 가능한가요?

08 Can I schedule a viewing?

집을 볼 수 있을까요?

🔊 **Can I schedule a viewing for this weekend?**
이번 주말에 집을 볼 수 있을까요?

🔊 **Can I schedule a viewing tomorrow afternoon?**
내일 오후에 집을 볼 수 있을까요?

09 Are pets allowed?

반려동물을 키워도 되나요?

🔊 **Are pets allowed in the apartment?**
아파트에서 반려동물을 키워도 되나요?

🔊 **I have a small dog. Are pets allowed?**
작은 강아지가 있어요. 반려동물을 키워도 되나요?

10 I'd like to sign the lease.

임대 계약을 하고 싶어요.

🔊 **I've decided. I'd like to sign the lease today.**
결심했어요. 오늘 임대 계약을 하고 싶어요.

🔊 **I'd like to sign the lease if it's still available.**
아직 가능하다면 임대 계약을 하고 싶어요.

📅 문장 속 단어 & 표현 총정리

01 place to rent 임대할 곳[집] **02** listing 목록[매물], budget 예산 **03** monthly rent 월세, utilities 공과금 **04** unit 한 가구 **05** security deposit 보증금, upfront 선불로[처음에] **06** lease 임대, term 기한, extend 연장하다 **07** move-in 이사[입주], flexible 유동적인 **08** viewing 보기 **09** pet 반려동물 **10** sign 계약하다

Theme 076

Theme 077 휴대폰 개통

MP3_077

패턴과 문장들을 3회독씩 학습하며 박스(□)에 체크 표시를 하고, 좌측의 음원 QR코드를 찍어 문장들을 듣고 따라 말하세요.

01 I'd like to activate my phone.

제 휴대폰을 개통하고 싶어요.

I'd like to activate my phone today.
오늘 제 휴대폰을 개통하고 싶어요.

I'd like to activate my phone with this SIM card.
이 유심으로 제 휴대폰을 개통하고 싶어요.

02 What plans do you offer?

요금제는 어떤 게 있나요?

What plans do you offer for mobile phones?
휴대폰 요금제는 어떤 게 있나요?

What plans do you offer with unlimited data?
무제한 데이터가 포함된 요금제는 어떤 게 있나요?

03 Can I sign up for a data plan?

데이터 요금제에 가입할 수 있을까요?

Can I sign up for a data plan with unlimited usage?
무제한 데이터 요금제에 가입할 수 있을까요?

Can I sign up for a data plan without a contract?
약정 없는 데이터 요금제에 가입할 수 있을까요?

04 What's the data limit?

데이터 제한이 얼마인가요?

🔊 **What's the data limit for this plan per month?**
이 요금제는 월 데이터 제한이 얼마인가요?

🔊 **What's the data limit before the speed slows down?**
속도가 느려지기 전까지 데이터 제한이 얼마인가요?

05 How much is the monthly fee?

월 요금은 얼마인가요?

🔊 **How much is the monthly fee for this plan?**
이 요금제의 월 요금은 얼마인가요?

🔊 **How much is the monthly fee with taxes included?**
세금 포함 월 요금은 얼마인가요?

06 Do you offer any discounts?

할인 혜택 있나요?

🔊 **Do you offer any discounts for students?**
학생 할인 혜택 있나요?

🔊 **Do you offer any bundle discounts?**
결합 할인 혜택 있나요?

07 Is there a cancellation fee?

해지 수수료가 있나요?

🔊 **Is there a cancellation fee for this plan?**
이 요금제는 해지 수수료가 있나요?

🔊 **Is there a cancellation fee if I end the contract early?**
계약을 조기 종료하면 해지 수수료가 있나요?

08 Is there a contract term?

약정 기간이 있나요?

🔊 **Is there a contract term for this plan?**
이 요금제는 약정 기간이 있나요?

🔊 **Is there a contract term with the discounted rate?**
할인 요금 적용 시 약정 기간이 있나요?

09 Can I keep my current number?

기존 번호를 유지할 수 있나요?

🔊 **Can I keep my current number with a new phone?**
새 폰으로도 기존 번호를 유지할 수 있나요?

🔊 **Can I keep my current number if I switch carriers?**
통신사를 바꿔도 기존 번호를 유지할 수 있나요?

10 Can I trade in my old phone?

기존 폰을 보상판매할 수 있나요?

🔊 **Can I trade in my old phone for a discount?**
기존 폰을 보상판매하고 할인받을 수 있나요?

🔊 **Can I trade in my old phone even if it's damaged?**
고장이 났어도 기존 폰을 보상판매할 수 있나요?

📅 문장 속 단어 & 표현 총정리

01 activate 활성화시키다 **02** plan 요금제, mobile phone 휴대폰, unlimited 무제한 **03** usage 사용, contract 계약[약정] **04** limit 제한, slow down 느려지다 **05** monthly fee 월 요금, tax 세금 **06** discount 할인, bundle 묶음[결합] **07** cancellation 취소[해지] **08** rate 요금 **09** carrier 통신사 **10** damaged 고장 난

Theme 078 배달 음식

01 Can I place an order for delivery?
배달 주문할 수 있을까요?

📢 **Can I place an order for delivery now?**
지금 배달 주문할 수 있을까요?

📢 **Can I place an order for delivery to this address?**
이 주소로 배달 주문할 수 있을까요?

02 I'd like to get ~.
~을/를 주문하고 싶어요.

📢 **I'd like to get a pepperoni pizza.**
페퍼로니 피자를 주문하고 싶어요.

📢 **I'd like to get the combo set number 3.**
3번 콤보 세트를 주문하고 싶어요.

03 Can I get ~ without ~?
~을/를 ~ 빼고 받을 수 있을까요?

📢 **Can I get the burger without onions?**
햄버거를 양파 빼고 받을 수 있을까요?

📢 **Can I get the tacos without cilantro?**
타코를 고수 빼고 받을 수 있을까요?

04 How long will it take to deliver?

배달하는 데 얼마나 걸리나요?

🔊 **How long will it take to deliver my order?**
제 주문을 배달하는 데 얼마나 걸릴까요?

🔊 **How long will it take to deliver to this area?**
이 지역까지 배달하는 데 얼마나 걸리나요?

05 Can I pay with ~?

~으로 결제할 수 있나요?

🔊 **Can I pay with points from the app?**
앱 포인트로 결제할 수 있나요?

🔊 **Can I pay with a discount coupon I have?**
제가 가진 할인 쿠폰으로 결제할 수 있나요?

06 Please leave it at the door.

문 앞에 놓아 두세요.

🔊 **Please leave it at the door and ring the bell.**
문 앞에 놓아 두고 벨 눌러 주세요.

🔊 **Please leave it at the door. I'll pick it up.**
문 앞에 놓아 두세요. 제가 가져갈게요.

07 Please call me when you arrive.

도착하면 전화 주세요.

🔊 **Please call me when you arrive downstairs.**
아래층에 도착하면 전화 주세요.

🔊 **Please call me when you arrive at the front gate.**
정문에 도착하면 전화 주세요.

08 I'd like to cancel[change] my order.

주문을 취소[변경]하고 싶어요.

🔊 **I'd like to cancel my order** and get a refund.
주문을 취소하고 환불받고 싶어요.

🔊 **I'd like to change my order** before it's delivered.
배달 전에 주문을 변경하고 싶어요.

09 The order hasn't arrived yet.

주문한 음식이 아직 도착 안 했어요.

🔊 **The order hasn't arrived yet.** Is it on the way?
주문한 음식이 아직 도착 안 했어요. 오는 중인가요?

🔊 **The order hasn't arrived yet** after 50 minutes.
50분이 지났는데 주문한 음식이 아직 도착 안 했어요.

10 I received the wrong item.

다른 음식을 받았어요[다른 음식이 왔어요].

🔊 **I received the wrong item** instead of the salad.
샐러드 대신 다른 음식이 왔어요.

🔊 **I received the wrong item.** I didn't order this.
다른 음식이 왔어요. 저는 이거 주문 안 했어요.

📅 문장 속 단어 & 표현 총정리

01 place an order 주문하다, delivery 배달 **02** get 받다 **03** cilantro 고수 **04** deliver 배달하다, area 지역 **05** discount coupon 할인 쿠폰 **06** ring (벨을) 누르다, pick up 가져가다 **07** downstair 아래층(에), front fate 정문 **08** refund 환불 **09** on the way 오는 중인 **10** instead of ~ ~대신에, item 물건[여기선 '음식']

Theme 078 253

Theme 079 감사

01 Thank you (so much) for ~.
~에 (정말) 감사합니다.

Thank you for your help.
당신의 도움에[도와주셔서] 감사합니다.

Thank you so much for the ride.
태움에[태워주셔서] 정말 감사합니다.

02 Thanks (a lot) for ~.
~에 (정말) 고마워요. (좀 더 캐주얼한 표현)

Thanks for the coffee.
커피(에) 고마워요.

Thanks a lot for the advice.
조언(에) 정말 고마워요.

03 Many thanks for ~.
~에 대단히 감사합니다.

Many thanks for the information.
정보에[정보 주셔서] 대단히 감사합니다.

Many thanks for your quick response.
빠른 답변에[답변 주셔서] 대단히 감사드립니다.

04 Thanks a bunch for ~.

~에 정말 고마워요. (친근하고 밝은 느낌)

🔊 **Thanks a bunch for everything.**
모든 것에 정말 고마워요.

🔊 **Thanks a bunch for waiting.**
기다려 준 것에[기다려줘서] 정말 고마워요.

05 I (really) appreciate ~.

~에 (정말) 감사드립니다.

🔊 **I appreciate your honesty.**
당신의 솔직함에[솔직하게 말씀해 주셔서] 감사합니다.

🔊 **I really appreciate your time.**
당신의 시간에[시간 내 주셔서] 정말 감사합니다.

06 Much appreciated.

정말 감사합니다. (간단하게 공적으로)

🔊 **I got your email. Much appreciated.**
이메일 잘 받았습니다. 정말 감사합니다.

🔊 **You stayed late to help. Much appreciated.**
도와주느라 늦게까지 계셨네요. 정말 감사합니다.

07 I can't thank you enough for ~.

~에 정말 감사도 부족해요.

🔊 **I can't thank you enough for the thoughtful gift.**
사려 깊은 선물에 정말 감사도 부족해요.

🔊 **I can't thank you enough for being there for me.**
제 곁에 있어 주신 것에[주셔서] 정말 감사도 부족해요.

Theme 079

08 I just wanted to say thank you for ~.

~에 그냥 감사의 말 전하고 싶었어요.

🔊 **I just wanted to say thank you for your kindness.**
당신의 친절에 그냥 감사의 말 전하고 싶었어요.

🔊 **I just wanted to say thank you for listening.**
경청해 주신 것에[주셔서] 그냥 감사의 말 전하고 싶었어요.

09 I really value ~.

~을/를 정말 소중히 생각해요.

🔊 **I really value your opinion.**
당신의 의견을 정말 소중히 생각해요.

🔊 **I really value your support.**
당신의 지지를 정말 소중히 생각해요.

10 I'm forever grateful for ~.

~에 평생 감사할 거예요.

🔊 **I'm forever grateful for your understanding.**
당신의 이해에[이해해 주셔서] 평생 감사할 거예요.

🔊 **I'm forever grateful for having you in my life.**
제 인생에 당신이 있다는 것에 평생 감사할 거예요.

📅 문장 속 단어 & 표현 총정리

01 help 도움, ride 태움 **02** advice 조언 **03** information 정보, response 답변 **04** everything 모든 것, wait 기다리다 **05** honesty 솔직함, time 시간 **06** stay late 늦게까지 머물다 **07** thoughtful 사려 깊은, gift 선물 **08** kindness 친절, listen 듣다[경청하다] **09** opinion 의견, support 지지 **10** understand 이해하다

Theme 080 사과

MP3_080

패턴과 문장들을 3회독씩 학습하며 박스(□)에 체크 표시를 하고, 좌측의 음원 QR코드를 찍어 문장들을 듣고 따라 말하세요.

01 I'm (truly) sorry for ~.

~에 대해 (진심으로) 죄송해요.

I'm sorry for being late.
늦은 것에 대해[늦어서] 죄송해요.

I'm truly sorry for disappointing you.
실망시켜드린 것에 대해 진심으로 죄송해요.

02 I apologize for ~.

~에 대해 사과드립니다. (격식 있음)

I apologize for the delay.
지연에 대해[지연된 점] 사과드립니다.

I apologize for my behavior.
제 행동에 대해 사과드립니다.

03 My apologies for ~.

~에 대해 사과드립니다. (공손하고 간결)

My apologies for the confusion.
혼란(을 드린 것)에 대해 사과드립니다.

My apologies for the short notice.
갑작스러운 통보(를 드린 것)에 대해 사과드립니다.

04 I didn't mean to ~.

~하려던 건 아니었어요.

🔊 **I didn't mean to** hurt you.
상처 주려던 건 아니었어요.

🔊 **I didn't mean to** offend you. It was a joke.
기분 상하게 하려던 건 아니에요. 농담이었어요.

05 I'm sorry if I ~.

제가 ~했다면 죄송합니다.

🔊 **I'm sorry if I** upset you.
제가 기분 나쁘게 했다면 죄송해요.

🔊 **I'm sorry if I** said something wrong.
제가 잘못된 말을 했다면 죄송합니다.

06 I feel terrible about ~.

~에 대해 정말 마음이 무거워요.

🔊 **I feel terrible about** what happened.
벌어진 일에 대해 정말 마음이 무거워요.

🔊 **I feel terrible about** the mistake I made.
제가 저지른 실수에 대해 정말 마음이 무거워요.

07 Please forgive me for ~.

~에 대해 용서해 주세요.

🔊 **Please forgive me for** raising my voice.
목소리를 높인 것(에 대해) 용서해 주세요.

🔊 **Please forgive me for** being so insensitive.
제가 너무 무신경했던 것(에 대해) 용서해 주세요.

08 It won't happen again.

다시는 이런 일 없을 거예요.

🔊 **I'm sorry. It won't happen again.**
죄송합니다. 다시는 이런 일 없을 거예요.

🔊 **I promise it won't happen again.**
다시는 이런 일이 없을 거라고 약속드려요.

09 I take full responsibility for ~.

~에 대해 전적으로 책임지겠습니다.

🔊 **I take full responsibility for the error.**
그 오류에 대해 전적으로 책임지겠습니다.

🔊 **I take full responsibility for what happened.**
일어난 일에 대해 전적으로 책임지겠습니다.

10 Please accept my apology for ~.

~에 대한 제 사과를 받아 주세요.

🔊 **Please accept my apology for being rude.**
무례했던 것에 대한 제 사과를 받아 주세요.

🔊 **Please accept my apology for the inconvenience.**
불편(을 끼친 것)에 대한 제 사과를 받아 주세요.

📅 문장 속 단어 & 표현 총정리

01 disappoint 실망시키다 02 delay 지연, behavior 행동 03 confusion 혼란, notice 통보 04 hurt 상처를 주다, offend 기분 상하게 하다 05 upset 기분 나쁘게 하다, wrong 잘못된 06 mistake 실수 07 insensitive 무신경한 08 error 오류, happen 일어나다 09 responsibility 책임 10 inconvenience 불편함

Theme 081 칭찬

패턴과 문장들을 3회독씩 학습하며 박스(□)에 체크 표시를 하고, 좌측의 음원 QR코드를 찍어 문장들을 듣고 따라 말하세요.

01 You did a great job.

정말 잘했어요[잘하셨어요].

You did a great job on the presentation.
발표 정말 잘했어요.

You did a great job under pressure.
큰 압박 속에서도 정말 잘하셨어요.

02 I'm proud of you for ~.

~한 당신이 자랑스러워요.

I'm proud of you for passing the exam.
시험에 합격한 당신이 자랑스러워요.

I'm proud of you for trying your best.
최선을 다한 당신이 자랑스러워요.

03 I admire your ~.

당신의 ~이/가 존경스러워요.

I admire your dedication.
당신의 헌신이 존경스러워요.

I admire your leadership.
당신의 리더십이 존경스러워요.

04 I'm really impressed by/with ~.

~에 정말 감탄했어요.

🔊 **I'm really impressed by** your cooking skills.
당신의 요리 실력에 정말 감탄했어요.

🔊 **I'm really impressed with** your attention to detail.
당신의 세심함에 정말 감탄했어요.

05 You're a natural at ~.

당신은 ~에 정말 타고났어요.

🔊 **You're a natural at** public speaking.
당신은 발표에 정말 타고났어요.

🔊 **You're a natural at** drawing.
당신은 그림에 정말 타고났어요.

06 You have a great sense of ~.

~ 감각이 뛰어나시네요.

🔊 **You have a great sense of** humor.
유머 감각이 뛰어나시네요.

🔊 **You have a great sense of** fashion.
패션 감각이 뛰어나시네요.

07 That's very thoughtful of you to ~.

~하시다니 참 사려 깊으시네요.

🔊 **That's very thoughtful of you to** bring snacks.
간식을 챙겨 오시다니 참 사려 깊으시네요.

🔊 **That's very thoughtful of you to** help her out.
그녀를 도와주시다니 참 사려 깊으시네요.

Theme 081

08 You deserve all the praise for ~.

~은/는 모든 칭찬을 받을 자격이 있어요.

🔊 **You deserve all the praise for** your effort.
당신의 노력은 모든 칭찬을 받을 자격이 있어요.

🔊 **You deserve all the praise for** today's success.
오늘의 성공은 모든 칭찬을 받을 자격이 있어요.

09 You nailed it.

정말 제대로[멋지게] 해냈어요[하셨어요]!

🔊 **You nailed it** on stage.
무대에서 정말 멋지게 해냈어요!

🔊 **You nailed it** with that answer.
대답 정말 제대로 하셨어요.

10 Well done!

잘하셨어요[멋졌어요]!

🔊 **Well done** on your presentation!
발표 정말 잘하셨어요!

🔊 **Well done!** You handled that perfectly.
정말 잘하셨어요! 완벽하게 처리했네요.

📅 문장 속 단어 & 표현 총정리

01 presentation 발표, pressure 압박 02 try one's best 최선을 다하다 03 dedication 헌신, leadership 리더십 04 attention 관심[주의], detail 세부 사항 05 public speaking 발표, drawing 그림 06 humor 유머 07 bring 가져오다 08 effort 노력, success 성공 09 stage 무대, answer (대)답 10 handle 처리하다

Theme 082 위로

01 I'm so sorry to hear that ~.

~이라니 마음이 안 좋네요.

I'm so sorry to hear that you lost your job.
직장을 잃었다니 마음이 안 좋네요.

I'm so sorry to hear that you're going through this.
이런 일을 겪고 있다니 마음이 안 좋네요.

02 I understand how you feel.

당신 기분[마음] 이해해요.

I understand how you feel about this situation.
이 상황에 대한 당신 기분 이해해요.

I understand how you feel. It must be tough.
당신 마음 이해해요. 분명 힘들 거예요.

03 It's okay to feel ~.

~한 감정이 드는 건 괜찮아요[당연해요].

It's okay to feel sad sometimes.
가끔 슬픈 감정이 드는 건 괜찮아요.

It's okay to feel lost right now.
지금 혼란스러운 감정이 드는 건 당연해요.

04　Cry if you need to.

- 울고 싶으면 울어요[울어도 괜찮아요].
- 🔊 **Cry if you need to. It's okay to let it out.**
  울고 싶으면 울어요. 감정을 표현해도 괜찮아요.
- 🔊 **Cry if you need to. I'm here with you.**
  울어도 괜찮아요. 내가 옆에 있어요.

05　I'm here for you.

- 내가 곁에 있어 줄게요.
- 🔊 **Don't worry. I'm here for you.**
  걱정 마요. 내가 곁에 있어 줄게요.
- 🔊 **Whatever you need, I'm here for you.**
  뭐든 필요한 게 있으면, 내가 곁에 있어 줄게요.

06　You can lean on me.

- 내게 기대도 돼요.
- 🔊 **You can lean on me anytime.**
  언제든 내게 기대도 돼요.
- 🔊 **If you need someone, you can lean on me.**
  누군가 필요하다면, 내게 기대도 돼요.

07　You're not alone.

- 당신은 혼자가 아니에요.
- 🔊 **No matter what, you're not alone.**
  어떤 상황이든, 당신은 혼자가 아니에요.
- 🔊 **Remember, you're not alone in this.**
  기억해요, 이 일에 있어 당신은 혼자가 아니에요.

08 Don't blame yourself.

자책하지 마세요.

🔊 **It wasn't your fault. <u>Don't blame yourself.</u>**
당신 잘못이 아니에요. <u>자책하지 마세요.</u>

🔊 **<u>Don't blame yourself</u> for things you can't control.**
<u>당신이 어쩔 수 없는 일에 자책하지 마세요.</u>

09 Things will get better.

상황은 나아질 거예요.

🔊 **Just hang in there. <u>Things will get better.</u>**
조금만 버텨요. <u>상황은 나아질 거예요.</u>

🔊 **It's hard now, but <u>things will get better.</u>**
지금은 힘들지만, <u>상황은 나아질 거예요.</u>

10 Take your time.

천천히 하세요.

🔊 **<u>Take your time.</u> There's no rush.**
<u>천천히 하세요.</u> 급할 것 없어요.

🔊 **<u>Take your time.</u> Healing takes a while.**
<u>천천히 하세요.</u> 치유에는 시간이 걸려요.

📅 문장 속 단어 & 표현 총정리

01 lose 잃다, go through 겪다 **02** situation 상황, tough 힘든 **03** feel lost 혼란스럽다[헷갈리다] **04** let it out 감정을 표현[표출]하다 **05** whatever 무엇이든 **06** lean 기대다, anytime 언제든 **07** alone 혼자인 **08** blame 비난하다, control 통제하다 **09** hang in 버티다 **10** rush 서두름, take a while 시간이 걸리다

Theme 082 265

Theme 083 격려

01 You're doing great.

- 지금 아주 잘하고 있어요.
- **Keep it up! You're doing great.**
  계속 그렇게 해요! 지금 아주 잘하고 있어요.
- **Don't doubt yourself. You're doing great.**
  자신을 의심하지 마요. 지금 아주 잘하고 있어요.

02 You can do it.

- 당신은 할 수 있어요.
- **Don't give up. You can do it.**
  포기하지 마요. 당신은 할 수 있어요.
- **Don't be nervous. You can do it.**
  긴장하지 마요. 당신은 할 수 있어요.

03 You've got this.

- 당신은 잘 해낼 수 있어요.
- **The test is tough, but you've got this.**
  시험은 어렵지만, 당신은 잘 해낼 수 있어요.
- **Take a deep breath. You've got this.**
  심호흡하세요. 당신은 잘 해낼 수 있어요.

04 You've prepared well.

준비 잘했잖아요.

🔊 **You've prepared well. Just do your best.**
준비 잘했잖아요. 그냥 최선을 다하세요.

🔊 **Don't worry. You've prepared well for this test.**
걱정 마요. 이 시험 준비 잘했잖아요.

05 I believe in you.

난 당신을 믿어요.

🔊 **No matter what, I believe in you.**
어떤 일이 있어도, 난 당신을 믿어요.

🔊 **I believe in you. Just trust yourself.**
난 당신을 믿어요. 자기 자신을 믿으세요.

06 Keep going.

계속하세요[멈추지 마세요].

🔊 **You're doing great. Keep going.**
잘하고 있어요. 계속하세요.

🔊 **I know it's hard, but keep going.**
힘든 거 알지만, 멈추지 마세요.

07 Stay strong.

강해지세요[마음 굳게 먹어요].

🔊 **I know it's hard. Stay strong.**
힘든 거 알아요. 강해지세요.

🔊 **Stay strong. You'll get through this.**
마음 굳게 먹어요. 이겨낼 거예요.

08　It's okay to make mistakes.

실수해도 괜찮아요.

🔊 **Don't be afraid. It's okay to make mistakes.**
두려워하지 마요. 실수해도 괜찮아요.

🔊 **Keep trying. It's okay to make mistakes.**
계속 시도해요. 실수해도 괜찮아요.

09　I've got your back.

내가 뒤에서 응원할게요.

🔊 **Go for it. I've got your back.**
도전하세요. 내가 뒤에서 응원할게요.

🔊 **Whatever happens, I've got your back.**
어떤 일이 있어도, 내가 뒤에서 응원할게요.

10　Just be yourself.

그냥 있는 그대로의 당신이면 돼요.

🔊 **Don't try too hard. Just be yourself.**
너무 애쓰지 마요. 그냥 있는 그대로의 당신이면 돼요.

🔊 **In the interview, just be yourself.**
면접에서 그냥 있는 그대로의 당신이면 돼요.

📅 문장 속 단어 & 표현 총정리

01 **doubt** 의심하다 02 **give up** 포기하다, **nervous** 긴장한 03 **tough** 어려운, **deep breath** 깊은 호흡 04 **do one's best** 최선을 다하다 05 **trust** 믿다 06 **do great** 잘하다, **hard** 힘든 07 **get through** 통과하다[벗어나다] 08 **afraid** 두려운, **keep V-ing** 계속 ~하다 09 **happen** 일어나다 10 **try hard** 애쓰다, **interview** 면접

Theme 084
공감

🎯 오늘의 학습 날짜 ◯ 월 ◯ 일

🎧 MP3_084

패턴과 문장들을 3회독씩 학습하며 박스(☐)에 체크 표시를 하고, 좌측의 음원 QR코드를 찍어 문장들을 듣고 따라 말하세요.

01 I know how you feel.

☐ 당신 기분 잘 알아요.

☐ **I know how you feel. I've been there too.**
당신 기분 잘 알아요. 저도 겪어봤어요.

☐ **I know how you feel about being left out.**
소외감을 느끼는 당신 기분 잘 알아요.

02 I totally understand.

☐ 전적으로 이해해요.

☐ **I totally understand why you're upset.**
당신이 왜 속상한지 전적으로 이해해요.

☐ **I totally understand what you're going through.**
당신이 겪고 있는 상황 전적으로 이해해요.

03 I get what you're saying.

☐ 무슨 말인지 알겠어요.

☐ **I get what you're saying. It's a tough decision.**
무슨 말인지 알겠어요. 어려운 결정이네요.

☐ **I get what you're saying about feeling overwhelmed.**
벅찬 기분이 든다는 거 무슨 말인지 알겠어요.

04 That makes sense.

그럴 만하네요[이해가 돼요].

🔊 **That makes sense.** It must have been hard.
그럴 만하네요. 정말 힘들었겠어요.

🔊 **That makes sense.** I'd feel the same way.
이해가 돼요. 저도 그랬을 거예요.

05 You have every right to feel ~.

~하는 게 당연해요.

🔊 **You have every right to feel** angry.
화나는 게 당연해요.

🔊 **You have every right to feel** upset.
속상한 게 당연해요.

06 I feel you.

공감해요. (구어체, 친근함)

🔊 **I feel you** on that. It's frustrating.
그 말 공감해요. 답답하죠.

🔊 **I feel you.** Mondays are always rough.
공감해요. 월요일은 항상 힘들죠.

07 I can imagine how you feel.

어떤 기분일지 상상돼요.

🔊 **I can imagine how you feel.** It's not easy.
어떤 기분일지 상상돼요. 쉽지 않죠.

🔊 **I can imagine how you feel** after hearing that news.
그 소식 듣고 어떤 기분일지 상상돼요.

08 Anyone would feel the same.

누구라도 그렇게 느꼈을 거예요.

🔊 **Anyone would feel the same** in your situation.
그 상황이라면 누구라도 그렇게 느꼈을 거예요.

🔊 **Anyone would feel the same** after what happened.
그런 일이 있었다면 누구라도 그렇게 느꼈을 거예요.

09 That must be frustrating.

정말 답답하겠어요[속상하겠어요].

🔊 **That must be frustrating** to deal with every day.
매일 그걸 감당해야 한다니 정말 답답하겠어요.

🔊 **That must be frustrating** when no one listens to you.
아무도 당신 말을 안 들어 주면 정말 속상하겠어요.

10 I've been through something similar.

저도 비슷한 일을 겪어봤어요.

🔊 **I've been through something similar** last year.
작년에 저도 비슷한 일을 겪었어요.

🔊 **I've been through something similar**, so I understand.
저도 비슷한 경험이 있어서 이해해요.

📅 문장 속 단어 & 표현 총정리

01 be left out 배제되다[소외감을 느끼다] **02** upset 속상한, go through 겪다 **03** decision 결정, overwhelmed 압도되는[벅찬] **04** feel the same way 똑같이 느끼다 **05** angry 화난 **06** frustrating 답답한, rough 힘든 **07** easy 쉬운 **08** situation 상황 **09** deal with 다루다[감당하다] **10** similar 비슷한, last year 작년

Theme 084   271

Theme 085 축하

01 Congratulations on ~.

~을/를 축하해요.

🔊 **Congratulations on** your promotion!
승진(을) 축하해요!

🔊 **Congratulations on** passing the exam!
시험 합격(을) 축하해요!

02 I'm so happy for you.

정말 잘 됐어요[축하해요].

🔊 **I'm so happy for you.** You finally graduated!
정말 축하해요. 드디어 졸업했네요!

🔊 **I'm so happy for you** passing the exam.
시험에 합격했다니 정말 잘 됐어요.

03 What a great achievement!

정말 멋진[대단한] 성과예요!

🔊 **What a great achievement!** You worked hard.
정말 멋진 성과예요! 열심히 했어요.

🔊 **What a great achievement!** Let's celebrate.
정말 대단한 성과예요! 축하하러 가요.

04　You did it!

당신이 해냈네요!

🔊 **You did it! I knew you could.**
당신이 해냈네요! 전 그럴 줄 알았어요.

🔊 **You did it! I'm so proud of you.**
당신이 해냈네요! 정말 자랑스러워요.

05　You made it!

당신이 결국 해냈네요!

🔊 **You made it to the finals!**
당신이 결국 결승전까지 해냈네요!

🔊 **You made it! All your efforts paid off.**
당신이 결국 해냈네요! 노력이 결실을 맺었어요.

06　I knew you could do it.

전 당신이 해낼 줄 알았어요.

🔊 **I knew you could do it! You're amazing.**
전 당신이 해낼 줄 알았어요! 정말 멋져요.

🔊 **I knew you could do it. You didn't give up.**
전 당신이 해낼 줄 알았어요. 포기하지 않았잖아요.

07　You earned this moment.

이 순간은 당신이 이뤄낸 거예요.

🔊 **You earned this moment. Enjoy it.**
이 순간은 당신이 이뤄낸 거예요. 즐기세요.

🔊 **You earned this moment. You've come so far.**
이 순간은 당신이 이뤄낸 거예요. 정말 먼 길 왔어요.

08 I'm proud of you.

당신이 자랑스러워요.

🔊 **I'm proud of you** for not giving up.
포기하지 않은 <u>당신이 자랑스러워요</u>.

🔊 **I'm proud of you.** You earned it.
<u>당신이 자랑스러워요</u>. 당신이 이뤄낸 거예요.

09 You should be proud.

스스로 자랑스럽게 여겨야 해요.

🔊 **You should be proud** of what you've done.
당신이 해낸 걸 <u>스스로 자랑스럽게 여겨야 해요</u>.

🔊 **You should be proud.** That wasn't easy.
<u>스스로 자랑스럽게 여겨야 해요</u>. 쉬운 일이 아니었잖아요.

10 That's worth celebrating!

그건 축하할 만한 일이에요!

🔊 **That's worth celebrating** for sure!
<u>그건 분명 축하할 만한 일이에요!</u>

🔊 **That's worth celebrating.** Let's throw a party.
<u>그건 축하할 만한 일이에요!</u> 파티 열어요.

📅 문장 속 단어 & 표현 총정리

01 promotion 승진, pass 합격하다, exam 시험 02 graduate 졸업하다 03 celebrate 축하하다 04 proud 자랑스러운 05 finals 결승전, pay off (빚을) 갚다 06 give up 포기하다 07 enjoy 즐기다, come so far 정말 멀리[먼 길을] 오다 08 earn 얻다 09 easy 쉬운 10 for sure 분명히, throw a party 파티를 열다

Theme 086 분노

 오늘의 학습 날짜 ◯ 월 ◯ 일

🎧 MP3_086

 패턴과 문장들을 3회독씩 학습하며 박스(☐)에 체크 표시를 하고, 좌측의 음원 QR코드를 찍어 문장들을 듣고 따라 말하세요.

01　I'm so angry. / I'm furious.

너무 화가 나요.

📢 **I'm so angry** I can't even think straight.
너무 화가 나서 제대로 생각 못 하겠어요.

📢 **I'm furious** about how they treated me.
그 사람들이 저를 대하는 방식에 너무 화가 나요.

02　This is ridiculous.

이건 말도 안 돼요.

📢 **This is ridiculous.** I followed all the rules.
이건 말도 안 돼요. 전 규칙을 다 지켰다고요.

📢 **This is ridiculous.** I shouldn't have to deal with this.
이건 말도 안 돼요. 제가 이걸 감당할 이유가 없어요.

03　I'm beyond frustrated.

답답함을 넘어 화가 나요.

📢 **I'm beyond frustrated** with this situation.
이 상황에 답답함을 넘어 화가 나요.

📢 **I'm beyond frustrated** that nothing has changed.
아무것도 변한 게 없어서 답답함을 넘어 화가 나요.

04 I can't believe this.

믿을 수가 없어요.

I can't believe this is happening again.
이런 일이 또 벌어지다니 믿을 수가 없어요.

I can't believe this is how they handled it.
그들이 이런 식으로 처리했다니 믿을 수가 없어요.

05 I've had enough of ~.

~을/를 더는 못 참겠어요.

I've had enough of your excuses.
당신 변명을 더는 못 참겠어요.

I've had enough of this nonsense.
이런 말도 안 되는 일을 더는 못 참겠어요.

06 This is unacceptable.

이건 도저히 용납할 수 없어요.

This is unacceptable. I won't tolerate it anymore.
이건 도저히 용납할 수 없어요. 더는 안 참을 거예요.

This is unacceptable. I demand an explanation.
이건 도저히 용납할 수 없어요. 설명을 요구합니다.

07 I'm done.

더는 못 하겠어요[이제 끝이에요].

I'm done with this nonsense.
이 말도 안 되는 일 더는 못 하겠어요.

I'm done being treated like this.
이렇게 대우받는 것도 이제 끝이에요.

08 You've crossed the line.

당신 선을 넘었어요.

🔊 **You've crossed the line this time.**
당신 이번엔 선을 넘었어요.

🔊 **You've crossed the line with that joke.**
당신 그 농담은 선을 넘었어요.

09 ~ is getting on my nerves.

~이/가 점점 신경을 긁네요.

🔊 **The constant noise is getting on my nerves.**
계속되는 소음이 점점 신경을 긁네요.

🔊 **Your attitude is getting on my nerves.**
당신 태도가 점점 신경을 긁네요.

10 Don't talk to me like that.

그런 식으로 말하지 마세요.

🔊 **Don't talk to me like that ever again.**
다시는 그런 식으로 말하지 마세요.

🔊 **Don't talk to me like that. It's disrespectful.**
그렇게 말하지 마세요. 무례해요.

📅 문장 속 단어 & 표현 총정리

01 think straight 제대로 생각하다, treat 다루다[대하다] **02** deal with ~ ~을 처리하다[감당하다] **03** nothing 아무것도 (~하지 않다) **04** handle 다루다[처리하다] **05** excuse 변명, nonsense 말도 안 되는 것[일] **06** tolerate 참다, demand 요구하다 **07** like this 이렇게 **08** joke 농담 **09** attitude 태도 **10** disrespectful 무례한

Theme 086

Theme 087 불만

01 I have a complaint about/regarding ~.

~에 대해 불만이 있습니다.

I have a complaint about the service.
서비스에 대해 불만이 있습니다.

I have a complaint regarding my recent order.
최근 주문 건에 대해 불만이 있습니다.

02 I want to file a formal complaint.

정식으로 불만을 제기하고 싶습니다.

I want to file a formal complaint about the service.
서비스에 대해 정식으로 불만을 제기하고 싶습니다.

I want to file a formal complaint with your company.
귀사에 정식으로 불만을 제기하고 싶습니다.

03 I'm not satisfied with ~.

~이/가 마음에 들지 않아요.

I'm not satisfied with the quality.
품질이 마음에 들지 않아요.

I'm not satisfied with how this was handled.
이게 처리된 방식이 마음에 들지 않아요.

04　There seems to be a problem with ~.

~에 문제가 있는 것 같아요.

🔊 **There seems to be a problem with** my order.
제 주문에 문제가 있는 것 같아요.

🔊 **There seems to be a problem with** the payment.
결제에 문제가 있는 것 같아요.

05　I was expecting better ~.

전 더 나은 ~을/를 기대했어요.

🔊 **I was expecting better** customer service.
전 더 나은 고객 서비스를 기대했어요.

🔊 **I was expecting better** communication.
전 더 나은[원활한] 소통을 기대했어요.

06　I'd like to speak to ~.

~와/과 이야기하고 싶어요.

🔊 **I'd like to speak to** someone in charge.
책임자와 이야기하고 싶어요.

🔊 **I'd like to speak to** the manager about this issue.
이 문제에 대해 매니저와 이야기하고 싶어요.

07　I demand an explanation.

해명을 요구합니다.

🔊 **I demand an explanation** for this mistake.
이 실수에 대한 해명을 요구합니다.

🔊 **I demand an explanation** from the management.
경영진의 해명을 요구합니다.

Theme 087

08　Something needs to be done about ~.

~에 대해 뭔가 조치가 필요해요.

🔊 **Something needs to be done** about this issue.
이 문제에 대해 뭔가 조치가 필요해요.

🔊 **Something needs to be done** about the noise.
소음 문제에 대해 뭔가 조치가 필요해요.

09　I'd like this resolved quickly.

이 문제가 빨리 해결됐으면 해요.

🔊 **I'd like this resolved quickly**, preferably today.
이왕이면 오늘 이 문제가 빨리 해결되었으면 해요.

🔊 **I'd like this resolved quickly** before it gets worse.
더 악화되기 전에 이 문제가 빨리 해결됐으면 해요.

10　You need to take responsibility for ~.

~에 대해 책임을 지셔야 합니다.

🔊 **You need to take responsibility for** the damage.
손상에 대해 책임을 지셔야 합니다.

🔊 **You need to take responsibility for** this mistake.
이 실수에 대해 책임을 지셔야 합니다.

📅 문장 속 단어 & 표현 총정리

01 complaint 불만, recent 최근의 **02** formal 공식적인[정식의] **03** quality 품질, be handled 처리되다 **04** payment 결제 **05** customer 고객, communication 소통 **06** issue 문제, the person in charge 책임자 **07** management 경영(진) **08** noise 소음 **09** preferably 이왕이면, get worse 더 악화되다 **10** responsibility 책임

Theme 088 제안

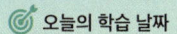

MP3_088

패턴과 문장들을 3회독씩 학습하며 박스(□)에 체크 표시를 하고, 좌측의 음원 QR코드를 찍어 문장들을 듣고 따라 말하세요.

01 Let's ~. / Let's not ~.

~합시다. / ~하지 맙시다.

Let's get started.
시작합시다.

Let's not waste any more time.
더 이상 시간 낭비하지 맙시다.

02 Would you like to ~?

~하실래요?

Would you like to take a walk?
산책하실래요?

Would you like to join us for dinner?
저희랑 저녁식사 함께하실래요?

03 How about ~?

(우리) ~하는 건 어때요?

How about going out for lunch?
점심 먹으러 나가는 건 어때요?

How about trying something new today?
오늘은 뭔가 새로운 걸 시도해 보는 건 어때요?

04 Shall we ~?

(우리) ~할까요?

🔊 **Shall we start the meeting now?**
지금 회의 시작할까요?

🔊 **Shall we move on to the next topic?**
다음 주제로 넘어갈까요?

05 Why don't we ~?

(우리) ~하는 건 어때요?

🔊 **Why don't we take a break?**
잠깐 쉬는 건 어때요?

🔊 **Why don't we meet earlier tomorrow?**
내일 좀 더 일찍 만나는 건 어때요?

06 What if we ~?

(만약 우리가) ~하면 어떨까요?

🔊 **What if we change the plan?**
계획을 바꾸면 어떨까요?

🔊 **What if we ask for help?**
도움을 요청하면 어떨까요?

07 Maybe we could ~.

(아마) ~해 볼 수도 있겠어요.

🔊 **Maybe we could try a new strategy.**
새로운 전략을 시도해 볼 수도 있겠어요.

🔊 **Maybe we could try a different approach.**
다른 방식으로 접근해 볼 수도 있겠어요.

08 I suggest (that) ~.

~하는 걸 추천드립니다.

🔊 **I suggest (that) we go with Option B.**
옵션 B로 가는 걸 제안합니다.

🔊 **I suggest (that) we move forward with the plan.**
그 계획을 추진하는 걸 제안합니다.

09 I'd recommend ~.

~하는 걸 추천드립니다.

🔊 **I'd recommend taking the earlier train.**
더 이른 기차를 타는 걸 추천드립니다.

🔊 **I'd recommend backing up your data.**
데이터를 백업해두는 걸 추천드립니다.

10 It might be a good idea to ~.

~하는 게 좋을 수도 있어요.

🔊 **It might be a good idea to leave early.**
일찍 출발하는 게 좋을 수도 있어요.

🔊 **It might be a good idea to bring an umbrella.**
우산을 가져가는 게 좋을 수도 있어요.

📅 문장 속 단어 & 표현 총정리

01 get started 시작하다, waste 낭비하다 **02** take a walk 산책하다, join 함께하다 **03** go out 나가다, try 시도하다 **04** move on to ~ ~으로 넘어가다 **05** take a break 쉬다 **06** ask for ~ ~을 요청하다 **07** strategy 전략, approach 접근 **08** move forward 전진[추진]하다 **09** train 기차 **10** leave 떠나다[출발하다]

Theme 089 요청

01 Can you ~?

~해 줄 수 있나요?

Can you help me with this?
이것 좀 도와줄 수 있나요?

Can you call me back later?
나중에 다시 전화해 줄 수 있나요?

02 Could you ~?

~해 주실 수 있나요? (좀 더 공손)

Could you send me the file?
제게 파일을 보내 주실 수 있나요?

Could you speak a little slower?
좀 더 천천히 말씀해 주실 수 있나요?

03 Would you mind V-ing?

~해도 될까요[~해 주실 수 있을까요]?

Would you mind opening the window?
창문 좀 열어도 될까요?

Would you mind waiting a moment?
잠깐만 기다려 주실 수 있을까요?

04 Can I ask you to ~?

~해 드리길 부탁드려도 될까요?

🔊 **Can I ask you to call her?**
그녀에게 전화해 드리길 부탁드려도 될까요?

🔊 **Can I ask you to email that to me?**
제게 이메일로 보내 드리길 부탁드려도 될까요?

05 Would it be possible to ~?

~하는 게 가능할까요?

🔊 **Would it be possible to get a discount?**
할인받는 게 가능할까요?

🔊 **Would it be possible to reschedule our meeting?**
회의 일정을 다시 잡는 게 가능할까요?

06 I'd like to request ~.

~을/를 요청드리고 싶어요.

🔊 **I'd like to request a refund.**
환불을 요청드리고 싶어요.

🔊 **I'd like to request a day off.**
하루 휴가를 요청드리고 싶어요.

07 I need to ask you a favor.

부탁드릴 게 있어요.

🔊 **I need to ask you a favor with this project.**
이 프로젝트와 관련해 부탁드릴 게 있어요.

🔊 **I need to ask you a favor about tomorrow's event.**
내일 행사와 관련해 부탁드릴 게 있어요.

08 I need your help with ~.

~에 당신의 도움이 필요해요.

🔊 **I need your help with this document.**
이 문서[문서 작업]에 당신의 도움이 필요해요.

🔊 **I need your help with moving these boxes.**
이 박스[박스 옮기는 것]에 당신의 도움이 필요해요.

09 I was wondering if you could ~.

혹시 ~해 주실 수 있을까 해서요.

🔊 **I was wondering if you could give me a ride.**
혹시 태워 주실 수 있을까 해서요.

🔊 **I was wondering if you could help me with this report.**
혹시 이 보고서 좀 도와주실 수 있을까 해서요.

10 I'd appreciate it if you could ~.

~해 주시면 감사하겠습니다.

🔊 **I'd appreciate it if you could let me know.**
제게 알려 주시면 감사하겠습니다.

🔊 **I'd appreciate it if you could respond by Friday.**
금요일까지 회신해 주시면 감사하겠습니다.

📅 문장 속 단어 & 표현 총정리

01 call back 다시 전화하다 02 send 보내다, speak 말하다 03 open 열다, wait a moment 잠깐 기다리다 04 email 이메일을 보내다 05 discount 할인, reschedule 일정을 다시 잡다 06 refund 환불, day off 휴가 07 event 행사 08 document 서류[문서] 09 give a ride 태워주다 10 respond 답변[회신]하다

Theme 090 수락

패턴과 문장들을 3회독씩 학습하며 박스(□)에 체크 표시를 하고, 좌측의 음원 QR코드를 찍어 문장들을 듣고 따라 말하세요.

01 Sounds good.

좋아요.

Sounds good. Let's meet at 3.
좋아요. 3시에 만나요.

Sounds good. I'll bring the snacks.
좋아요. 제가 간식 가져올게요.

02 No problem.

문제없어요[괜찮아요].

No problem. I can take care of it.
문제없어요. 제가 처리할 수 있어요.

No problem. You can borrow it anytime.
괜찮아요. 언제든 빌려 가져도 돼요.

03 That's fine with me.

전 괜찮아요.

That's fine with me if we meet later.
나중에 만나도 전 괜찮아요.

That's fine with me. Let's move forward.
전 괜찮아요. 진행합시다.

04　I'm okay with ~.

전 ~이/가 괜찮아요.

🔊 **I'm okay with** that plan.
전 그 계획(이) 괜찮아요.

🔊 **I'm okay with** your suggestion.
전 당신 제안(이) 괜찮아요.

05　Feel free to ~.

마음껏[편하게] ~하세요.

🔊 **Feel free to** ask questions.
마음껏 질문하세요.

🔊 **Feel free to** contact me anytime.
언제든지 편하게 연락 주세요.

06　I'm happy to help.

기꺼이 도와드릴게요.

🔊 **I'm happy to help** with the project.
프로젝트를 기꺼이 도와드릴게요.

🔊 **I'm happy to help** if you need anything.
뭐든 필요하시면 기꺼이 도와드릴게요.

07　I don't see why not.

안 될 이유가 없죠.

🔊 Can I bring a friend? / **I don't see why not.**
친구를 데려가도 될까요? / 안 될 이유가 없죠.

🔊 Can we try it your way? / **I don't see why not.**
당신 방식으로 해 볼까요? / 안 될 이유가 없죠.

08 That's totally fine.

전혀 문제 없어요.

🔊 **Can I skip today? / That's totally fine.**

오늘 빠져도 될까요? / 전혀 문제 없어요.

🔊 **Is it okay if I change the time? / That's totally fine.**

시간대를 바꿔도 될까요? / 전혀 문제 없어요.

09 I don't mind.

전 상관없어요.

🔊 **I don't mind waiting a bit longer.**

조금 더 기다리는 거 전 상관없어요.

🔊 **You can sit here if you want. I don't mind.**

여기 앉으셔도 돼요. 전 상관없어요.

10 I can live with that.

~ 정도면 괜찮아요.

🔊 **I can live with that decision.**

그 결정 (정도면) 괜찮아요.

🔊 **A small delay? I can live with that.**

약간의 지연이요? 그런 정도면 괜찮아요.

📅 문장 속 단어 & 표현 총정리

01 bring 가져오다 **02** take care 돌보다[처리하다], borrow 빌리다 **03** move forward 전진[진행]하다 **04** plan 계획, suggestion 제안 **05** ask 묻다, question 질문, contact 연락하다 **06** need 필요하다, anything 무엇이든 **07** try 시도하다 **08** skip 건너뛰다[빠지다] **09** longer 더 오래 **10** decision 결정, delay 지연

Theme 090

Theme 091 거절

MP3_091

패턴과 문장들을 3회독씩 학습하며 박스(☐)에 체크 표시를 하고, 좌측의 음원 QR코드를 찍어 문장들을 듣고 따라 말하세요.

01 No, thank you.

아니요, 괜찮아요.

Do you want dessert? / No, thank you.
디저트 드실래요? / 아니요, 괜찮아요.

Can I get you a ride home? / No, thank you.
집까지 태워다 줄까요? / 아니요, 괜찮아요.

02 I'm not available.

저 시간이 안 돼요.

I'm not available tomorrow morning.
저 내일 아침은 시간이 안 돼요.

I'm not available for the meeting.
저 회의 참석할 시간이 안 돼요.

03 I have other plans.

다른 일정[약속]이 있어요.

Sorry, I can't. I have other plans.
미안한데, 저 안 돼요. 다른 약속이 있어요.

I'd love to come, but I have other plans.
가고 싶지만, 다른 일정이 있어요.

04 I wish I could ~, but I can't.

~하고 싶지만, 안 돼요[어렵겠어요].

🔊 **I wish I could join you, but I can't.**
같이 가고 싶지만, 안 돼요.

🔊 **I wish I could help, but I can't.**
도와드리고 싶지만, 어렵겠어요.

05 I'm afraid I can't ~.

죄송하지만 안[못] ~할 것 같아요.

🔊 **I'm afraid I can't make it today.**
죄송하지만 오늘은 안 될 것 같아요.

🔊 **I'm afraid I can't help you this time.**
죄송하지만 이번엔 못 도와드릴 것 같아요.

06 Unfortunately, I can't ~.

유감스럽지만, ~할 수 없어요.

🔊 **Unfortunately, I can't attend the event.**
유감스럽지만, 행사에 참석할 수 없어요.

🔊 **Unfortunately, I can't accept the offer.**
유감스럽지만, 그 제안을 받아들일 수 없어요.

07 I don't think I can ~.

저 ~하기 어려울 것 같아요.

🔊 **I don't think I can finish it today.**
저 오늘은 끝내기 어려울 것 같아요.

🔊 **I don't think I can join the meeting.**
저 회의 참석하기 어려울 것 같아요.

Theme 091

08 Not this time.

이번엔 힘들겠어요.

🔊 **I appreciate the offer, but <u>not this time</u>.**
제안은 고맙지만, 이번엔 힘들겠어요.

🔊 **<u>Not this time</u>. I've got too much on my plate.**
이번엔 힘들겠어요. 지금 너무 바빠요.

09 I'll have to pass.

이번엔 사양할게요.

🔊 **That sounds fun, but <u>I'll have to pass</u>.**
재밌겠지만, 이번엔 사양할게요.

🔊 **Thanks for the invite, but <u>I'll have to pass</u>.**
초대는 고맙지만, 이번엔 사양할게요.

10 It's not a good time.

지금은 여의치[적절치] 않아요.

🔊 **I'd love to, but <u>it's not a good time</u>.**
저도 그러고 싶지만 지금은 여의치 않아요.

🔊 **<u>It's not a good time</u> for that discussion.**
지금은 그 논의를 하기엔 적절치 않아요.

📅 문장 속 단어 & 표현 총정리

01 dessert 디저트, get ~ a ride ~을 태워다 주다 02 available 시간이 있는, meeting 회의 03 plan 일정[약속] 04 join 함께하다 05 make it 해내다 06 attend 참석하다, accept 받아들이다, offer 제안 07 finish 끝내다 08 get too much on one's plate 너무 바쁘다 09 invite 초대하다 10 discussion 논의

Theme 092 조언

 오늘의 학습 날짜 ○ 월 ○ 일

🎧 MP3_092

패턴과 문장들을 3회독씩 학습하며 박스(□)에 체크 표시를 하고, 좌측의 음원 QR코드를 찍어 문장들을 듣고 따라 말하세요.

01 Why don't you ~?

~해 보는 게 어때요?

📢 **Why don't you take a break?**
잠깐 쉬는 게 어때요?

📢 **Why don't you ask your manager?**
매니저에게 물어보는 게 어때요?

02 You should ~.

~하는 게 좋겠어요.

📢 **You should get some rest.**
좀 쉬는 게 좋겠어요.

📢 **You should talk to her directly.**
그녀와 직접 얘기해 보는 게 좋겠어요.

03 I think you should ~.

~하는 게 좋을 것 같아요.

📢 **I think you should see a doctor.**
병원에 가보는 게 좋을 것 같아요.

📢 **I think you should speak up.**
당신 의견을 말하는 게 좋을 것 같아요.

04 You might want to ~.

~하는 게 좋을 수도 있어요.

🔊 **You might want to reconsider.**
다시 생각해 보는 게 좋을 수도 있어요.

🔊 **You might want to check the schedule.**
일정을 확인하는 게 좋을 수도 있어요.

05 Think about V-ing.

~하는 걸 고려해 보세요.

🔊 **Think about changing your routine.**
루틴을 바꾸는 걸 고려해 보세요.

🔊 **Think about talking to your boss.**
상사와 대화해 보는 걸 고려해 보세요.

06 Make an effort to ~.

~하려고 노력해 보세요.

🔊 **Make an effort to understand.**
이해하려고 노력해 보세요.

🔊 **Make an effort to listen more.**
더 많이 경청하려고 노력해 보세요.

07 If I were you, I'd ~.

내가 당신이라면 ~할 거예요.

🔊 **If I were you, I'd apologize.**
내가 당신이라면 사과할 거예요.

🔊 **If I were you, I'd go for it.**
내가 당신이라면 도전할 거예요.

08 It might help to ~.

~하는 게 도움이 될 수도 있어요.

It might help to write things down.
받아 적는 게 도움이 될 수도 있어요.

It might help to talk to someone.
누군가와 얘기하는 게 도움이 될 수도 있어요.

09 It would be wise to ~.

~하는 게 현명할 거예요.

It would be wise to save some money.
돈을 좀 저축하는 게 현명할 거예요.

It would be wise to talk to a lawyer.
변호사와 상담하는 게 현명할 거예요.

10 Don't be afraid to ~.

~하는 걸 두려워하지 마세요.

Don't be afraid to speak up.
의견을 말하는 걸 두려워하지 마세요.

Don't be afraid to make mistakes.
실수하는 걸 두려워하지 마세요.

📅 문장 속 단어 & 표현 총정리

01 take a break 쉬다, ask 물어보다 **02** rest 쉬다, directly 직접 **03** speak up 소리 내어 (의견을) 말하다 **04** reconsider 다시 생각하다, schedule 일정 **05** routine 루틴[일상], boss 상사 **06** listen 듣다[경청하다] **07** apologize 사과하다 **08** write down 적다[필기하다] **09** lawyer 변호사 **10** make mistakes 실수하다

Theme 093 지시

 MP3_093

패턴과 문장들을 3회독씩 학습하며 박스(□)에 체크 표시를 하고, 좌측의 음원 QR코드를 찍어 문장들을 듣고 따라 말하세요.

01 Follow the ~.

~을/를 따르세요.

Follow the safety guidelines.
안전 지침을 따르세요.

Follow the instructions on the screen.
화면에 나온 지시 사항을 따르세요.

02 Please make sure to ~.

반드시 ~해 주세요.

Please make sure to lock the door.
반드시 문을 잠가 주세요.

Please make sure to submit it by Friday.
반드시 금요일까지 제출해 주세요.

03 You need to ~.

~해야 합니다.

You need to sign this form.
이 서류에 서명해야 합니다.

You need to follow the instructions.
지침을 따라야 합니다.

04 I want you to ~.

~해 주셨으면 해요.

🔊 **I want you to be on time.**
제시간에 와 주셨으면 해요.

🔊 **I want you to double-check it.**
그걸 다시 한 번 확인해 주셨으면 해요.

05 Make it a priority to ~.

~하는 걸 최우선으로 하세요.

🔊 **Make it a priority to respond quickly.**
빠르게 응답하는 걸 최우선으로 하세요.

🔊 **Make it a priority to check safety first.**
안전 단속을 하는 걸 최우선으로 하세요.

06 Be sure not to ~.

절대 ~하지 마세요.

🔊 **Be sure not to delete that file.**
절대 그 파일은 삭제하지 마세요.

🔊 **Be sure not to skip any steps.**
절대 그 어떤 단계도 빼먹지 마세요.

07 Don't ~ until ~.

~ 전에는 ~하지 마세요.

🔊 **Don't send the email until I approve it.**
제가 승인하기 전에는 메일 보내지 마세요.

🔊 **Don't open the box until they arrive.**
그들이 도착하기 전에는 박스를 열지 마세요.

Theme 093

08 Don't forget to ~.

~하는 거 잊지 마세요.

🔊 **Don't forget to turn off the lights.**
불 끄는 거 잊지 마세요.

🔊 **Don't forget to call the client.**
고객에게 전화하는 거 잊지 마세요.

09 Remember to ~.

~하는 거 기억하세요.

🔊 **Remember to clock in before 9.**
9시 전에 출근 체크하는 거 기억하세요.

🔊 **Remember to save your work.**
작업물을 저장하는 거 기억하세요.

10 Handle ~ as soon as possible.

~을/를 가능한 한 빨리 처리하세요.

🔊 **Handle this issue as soon as possible.**
이 문제를 가능한 한 빨리 처리하세요.

🔊 **Handle the request as soon as possible.**
요청 사항을 가능한 한 빨리 처리하세요.

📇 문장 속 단어 & 표현 총정리

01 safety 안전, guideline 지침, instruction 지시 사항 **02** lock 잠그다, submit 제출하다 **03** sign 서명하다 **04** on time 제시간에, double check 다시 확인하다 **05** priority 최우선 **06** delete 삭제하다, skip 빼먹다 **07** approve 승인하다 **08** turn off 끄다 **09** clock in 출근 체크를 하다 **10** request 요청 사항

Theme 094 의견

패턴과 문장들을 3회독씩 학습하며 박스(□)에 체크 표시를 하고, 좌측의 음원 QR코드를 찍어 문장들을 듣고 따라 말하세요.

01 I think[believe] ~.

~라고 생각해요[믿어요].

I think it's a good idea.
좋은 아이디어라고 생각해요.

I believe she's telling the truth.
그녀가 진실을 말하고 있다고 믿어요.

02 Personally, I think ~.

개인적으로, ~인 것 같아요.

Personally, I think this design is better.
개인적으로, 이 디자인이 더 나은 것 같아요.

Personally, I think it's a waste of money.
개인적으로, 그건 돈 낭비 같아요.

03 It seems to me that ~.

제 보기에 ~인 것 같아요.

It seems to me that we need more time.
제 보기에 우리는 시간이 더 필요한 것 같아요.

It seems to me that this solution won't work.
제 보기에 이 해결책은 효과가 없을 것 같아요.

04　In my opinion, ~.

제 견해로는, ~예요.

🔊 **In my opinion, it's too risky.**
제 견해로는, 그건 너무 위험해요.

🔊 **In my opinion, he did the right thing.**
제 견해로는, 그는 옳은 일을 했어요.

05　It's just my opinion, but ~.

그냥 제 생각인데, ~예요.

🔊 **It's just my opinion, but we need a clearer plan.**
그냥 제 생각인데, 더 명확한 계획이 필요해요.

🔊 **It's just my opinion, but we're rushing into this.**
그냥 제 생각인데, 우리가 이걸 급하게 하는 것 같아요.

06　From my point of view, ~.

제 관점에서 봤을 때, ~예요.

🔊 **From my point of view, it's unfair.**
제 관점에서 봤을 때, 그건 불공평해요.

🔊 **From my point of view, we did our best.**
제 관점에서 봤을 때, 우리는 최선을 다했어요.

07　If you ask me, ~.

제게 (의견을) 물으신다면, ~예요.

🔊 **If you ask me, it's not worth it.**
제게 물으신다면, 그건 가치 없어요.

🔊 **If you ask me, he's not ready.**
제게 물으신다면, 그는 준비가 안 됐어요.

08 Let me just say that ~.

한마디만 하자면, ~입니다.

🔊 **Let me just say that** I'm proud of you.
한마디만 하자면, 전 당신이 자랑스러워요.

🔊 **Let me just say that** I don't completely agree.
한마디만 하자면, 전 완전히 동의하지는 않아요.

09 What I'm saying is that ~.

제 말은 ~라는 거예요.

🔊 **What I'm saying is that** we should be careful.
제 말은 조심하자는 거예요.

🔊 **What I'm saying is that** we need more time.
제 말은 시간이 더 필요하다는 거예요.

10 I'd like to point out that ~.

~라는 점을 짚어 드리고 싶어요.

🔊 **I'd like to point out that** we're over budget.
예산을 초과했다는 점을 짚어 드리고 싶어요.

🔊 **I'd like to point out that** this is a group effort.
이건 팀워크라는 점을 짚어 드리고 싶어요.

📅 문장 속 단어 & 표현 총정리

01 truth 진실 02 waste 낭비 03 solution 해결책 04 risky 위험한, right thing 옳은 일 05 clearer 더 명확한, rush into ~ 급하게 ~을 하다 06 unfair 불공평한, do one's best 최선을 다하다 07 worth 가치 있는, ready 준비된 08 completely 완전히 09 careful 조심하는 10 budget 예산, group effort 팀워크

Theme 094 301

Theme 095

추측

MP3_095

패턴과 문장들을 3회독씩 학습하며 박스(□)에 체크 표시를 하고, 좌측의 음원 QR코드를 찍어 문장들을 듣고 따라 말하세요.

01 Maybe ~.

아마 ~일 거예요.

Maybe she's busy.
아마 그녀는 바쁠 거예요.

Maybe it's just a misunderstanding.
아마 단순한 오해일 거예요.

02 I think maybe ~.

아마 ~일지도 몰라요.

I think maybe he forgot.
아마 그가 깜빡했을지도 몰라요.

I think maybe they're stuck in traffic.
아마 그들이 교통체증에 갇혀 있을지도 몰라요.

03 I guess ~.

~인 것 같아요.

I guess he didn't get the message.
그가 메시지를 못 받은 것 같아요.

I guess we'll have to wait a bit longer.
우리 좀 더 기다려야 할 것 같아요.

04 It looks like ~.

~인 것처럼 보여요.

🔊 **It looks like** it's going to rain.
비가 올 것처럼 보여요.

🔊 **It looks like** she's not feeling well.
그녀가 몸이 안 좋은 것처럼 보여요.

05 It seems like ~.

~인 것 같아요.

🔊 **It seems like** he's avoiding me.
그가 나를 피하는 것 같아요.

🔊 **It seems like** they already made a decision.
그들은 이미 결정을 내린 것 같아요.

06 It could be that ~.

~일 수도 있어요.

🔊 **It could be that** he's running late.
그가 늦고 있는 것일 수도 있어요.

🔊 **It could be that** we made a mistake.
우리가 실수했던 거일 수도 있어요.

07 There's a chance that ~.

~일 가능성이 있어요.

🔊 **There's a chance that** he'll say no.
그가 거절할 가능성이 있어요.

🔊 **There's a chance that** it'll snow tomorrow.
내일 눈이 올 가능성이 있어요.

08 I get the feeling that ~.

~인 느낌이 들어요.

🔊 **I get the feeling that** he's hiding something.
그가 뭘 숨기고 있는 느낌이 들어요.

🔊 **I get the feeling that** we missed something.
뭔가를 놓친 느낌이 들어요.

09 I imagine ~.

~일 거라 상상돼요.

🔊 **I imagine** it's hard for you.
그게 당신에겐 힘들 거라 상상돼요.

🔊 **I imagine** she's feeling overwhelmed.
그녀는 너무 벅차게 느끼고 있을 거라 상상돼요.

10 Let's say ~.

~라고 (가정)해 봅시다.

🔊 **Let's say** it rains tomorrow. What should we do?
내일 비가 온다고 해 봅시다. 어떻게 할까요?

🔊 **Let's say** nothing changes. Are we okay with that?
아무것도 안 변한다고 해 봅시다. 그게 괜찮은 걸까?

📋 문장 속 단어 & 표현 총정리

01 misunderstanding 오해 02 stuck in traffic 교통체증에 갇힌 03 a bit longer 좀 더 오래 04 be not feeling well 몸이 안 좋다 05 avoid 피하다, make a decision 결정하다 06 run late 늦다 07 snow 눈이 오다 08 hide 숨기다, miss 놓치다 09 overwhelmed 압도된[벅찬] 10 nothing 아무것도 (안 ~하다)

Theme 096 찬성

 오늘의 학습 날짜 ○ 월 ○ 일

🎧 MP3_096

패턴과 문장들을 3회독씩 학습하며 박스(□)에 체크 표시를 하고, 좌측의 음원 QR코드를 찍어 문장들을 듣고 따라 말하세요.

01 I (totally) agree.

(전적으로) 동의해요.

📢 **I agree.** It's a smart move.
동의해요. 현명한 결정이에요

📢 **I totally agree** with what you said.
당신 말에 전적으로 동의해요.

02 I couldn't agree more.

100% 이상 동의해요.

📢 **I couldn't agree more.** You nailed it.
100% 이상 동의해요. 정확하게 짚었네요.

📢 **I couldn't agree more** with your opinion.
당신 의견에 100% 이상 동의해요.

03 I'm in favor of ~.

~에 찬성해요.

📢 **I'm in favor of** your proposal.
당신의 제안에 찬성해요.

📢 **I'm in favor of** extending the deadline.
마감일 연장에 찬성해요.

04 You're right.

당신 말이 맞아요.

🔊 **You're right. I didn't think of that.**
당신 말이 맞아요. 그런 생각은 못 했네요.

🔊 **You're right, this is a serious problem.**
당신 말이 맞아요, 이건 심각한 문제예요.

05 You've got a point.

일리 있는 말이에요.

🔊 **You've got a point. Let's think it over.**
일리 있는 말이에요. 다시 생각해 봅시다.

🔊 **You've got a point. It might be too risky.**
일리 있는 말이에요. 너무 위험할 수도 있어요.

06 That makes sense.

그거 말이 되네요.

🔊 **That makes sense. Now I understand.**
그거 말이 되네요. 이제 이해가 돼요.

🔊 **That makes sense. We should try that approach.**
그거 말이 되네요. 그 접근법을 시도해 보죠.

07 Exactly. / Absolutely.

정확해요. / 당연하죠.

🔊 **Exactly. You read my mind.**
정확해요. 제 마음을 읽으셨네요.

🔊 **Absolutely. We should move forward.**
당연하죠. 진행해야 됩니다.

08 No doubt about it.

의심할 여지가 없어요.

🔊 **No doubt about it. This plan will work.**
의심할 여지가 없어요. 이 계획은 효과가 있을 거예요.

🔊 **No doubt about it. He's the best person for the job.**
의심할 여지가 없어요. 그가 그 일에 적임자예요.

09 That's exactly how I feel.

그게 바로 제 생각이에요[저도 똑같이 느껴요].

🔊 **That's exactly how I feel. You said it well.**
그게 바로 제 생각이에요. 잘 말씀하셨어요.

🔊 **That's exactly how I feel about this situation.**
이 상황에 대해서 저도 똑같이 느껴요.

10 I feel the same way.

저도 같은 생각이에요.

🔊 **I feel the same way. Let's go for it.**
저도 같은 생각이에요. 해 봅시다.

🔊 **I feel the same way about this project.**
이 프로젝트에 대해 저도 같은 생각이에요.

📅 문장 속 단어 & 표현 총정리

01 smart move 똑똑한 조치[현명한 결정] **02** opinion 의견 **03** proposal 제안, deadline 마감일 **04** serious 심각한 **05** think over 다시 생각하다, risky 위험한 **06** approach 접근(법) **07** move forward 진전[진행]하다 **08** work 효과가 있다, best person 적임자 **09** situation 상황 **10** go for ~ ~을 (시도)해 보다

Theme 097 반대

MP3_097

패턴과 문장들을 3회독씩 학습하며 박스(□)에 체크 표시를 하고, 좌측의 음원 QR코드를 찍어 문장들을 듣고 따라 말하세요.

01 I disagree[don't agree].

전 반대예요[동의하지 않아요].

I disagree. That's not the right solution.
전 반대예요. 그건 올바른 해결책이 아니에요.

I don't agree. It doesn't seem fair.
전 동의하지 않아요. 공정해 보이지 않아요.

02 I'm afraid I can't agree.

유감이지만 동의할 수 없어요.

I'm afraid I can't agree this time.
유감이지만 이번엔 동의할 수 없어요.

I'm afraid I can't agree with your view.
유감이지만 당신 견해에는 동의할 수 없어요.

03 I respectfully disagree.

정중히 반대합니다.

I respectfully disagree with that statement.
그 말씀에는 정중히 반대합니다.

I respectfully disagree with the proposed changes.
제안된 변경 사항에 정중히 반대합니다.

04 I see your point, but ~.

무슨 말인지 알겠지만, ~예요.

🔊 **I see your point, but** I still disagree.
무슨 말인지 알겠지만, 여전히 동의 못 해요.

🔊 **I see your point, but** here's another angle.
무슨 말인지 알겠지만, 다른 관점도 있어요.

05 I'm not convinced.

저는 납득이 안 돼요.

🔊 **I'm not convinced** by your argument.
당신의 주장에 저는 납득이 안 돼요.

🔊 **I'm not convinced** that this will work.
이게 효과가 있을지 저는 납득이 안 돼요.

06 I'm not sure about ~.

~에 대해선 확신이 안 서요.

🔊 **I'm not sure about** that decision.
그 결정에 대해선 확신이 안 서요.

🔊 **I'm not sure about** that plan.
그 계획에 대해선 확신이 안 서요.

07 I see things differently.

저는 다르게 봐요.

🔊 **I see things differently** from you.
저는 당신과는 다르게 봐요.

🔊 **I see things differently** on this issue.
이 사안에 대해서 저는 다르게 봐요.

08 That's not how I see it.

저는 그렇게 보지 않아요.

🔊 **That's not how I see it at all.**
저는 전혀 그렇게 보지 않아요.

🔊 **That's not how I see it, to be honest.**
솔직히, 저는 그렇게 보지 않아요.

09 I have a different opinion.

제 생각은 다릅니다.

🔊 **I have a different opinion from yours.**
제 생각은 당신과는 다릅니다.

🔊 **I have a different opinion on this topic.**
이 주제에 대한 제 생각은 다릅니다.

10 That's debatable.

그건 논란의 여지가 있어요.

🔊 **That's debatable, to say the least.**
과장 안 하고, 그건 논란의 여지가 있어요.

🔊 **That's debatable. The data isn't clear.**
그건 논란의 여지가 있어요. 데이터가 불명확해요.

📅 문장 속 단어 & 표현 총정리

01 solution 해결책, fair 공정한 **02** view 견해 **03** statement 언급[말씀], proposed 제안된 **04** angle 관점 **05** argument 논쟁[주장] **06** decision 결정, plan 계획 **07** differently 다르게, issue 문제[사안] **08** to be honest 솔직히 (말해서) **09** topic 주제 **10** to say the least 최소한도로 말해[과장 안 하고], clear 명확한

Theme 098 비교

🎯 오늘의 학습 날짜 ◯ 월 ◯ 일

MP3_098

패턴과 문장들을 3회독씩 학습하며 박스(□)에 체크 표시를 하고, 좌측의 음원 QR코드를 찍어 문장들을 듣고 따라 말하세요.

01 A is better[worse] than B.

A가 B보다 더 좋아요[별로예요].

🔊 **Tea is better than coffee for relaxing.**
휴식을 취할 땐 차가 커피보다 더 좋아요.

🔊 **This restaurant is worse than I expected.**
이 식당은 예상보다 더 별로예요.

02 A is more ~ than B.

A가 B보다 더 ~해요.

🔊 **Today is more humid than yesterday.**
오늘이 어제보다 더 습해요.

🔊 **This book is more interesting than the last one.**
이 책이 지난번 책보다 더 흥미로워요.

03 A is less ~ than B.

A는 B보다 덜 ~해요.

🔊 **She is less outgoing than her sister.**
그녀는 언니보다 덜 활발해요.

🔊 **This method is less effective than the other one.**
이 방법은 다른 방법보다 덜 효과적이에요.

04 A is as ~ as B.

A는 B만큼 ~해요.

She is as smart as her brother.
그녀는 오빠만큼 똑똑해요.

This problem is as difficult as the last one.
이 문제는 지난 문제만큼 어려워요.

05 A is twice as ~ as B.

A는 B보다 두 배 ~해요.

This room is twice as big as that one.
이 방은 저 방보다 두 배로 커요.

The new phone is twice as fast as the old one.
새 휴대폰은 예전 것보다 두 배는 빨라요.

06 A is similar to B.

A는 B와 비슷해요.

Her voice is similar to her sister's.
그녀의 목소리는 언니와 비슷해요.

This situation is similar to what happened before.
이 상황은 전에 일어난 상황과 비슷해요.

07 A ~ just like B.

A는 B와 똑같이 ~해요.

This tastes just like real meat.
이 맛은 진짜 고기와 똑같은 맛이 나요.

He acts just like his father.
그는 아버지와 똑같이 행동해요.

08 A is different from B.

A는 B와 달라요.

🔊 **My opinion is different from yours.**
제 의견은 당신 의견과 달라요.

🔊 **This result is different from what I expected.**
이 결과는 제가 예상한 것과 달라요.

09 Compared to A, ~.

A에 비하면, ~해요.

🔊 **Compared to last week, I feel better now.**
지난주에 비하면, 지금은 훨씬 나아요.

🔊 **Compared to her, I'm not that organized.**
그녀에 비하면, 저는 그렇게 체계적이지 않아요.

10 There's no comparison.

비교가 안 돼요[비교할 필요도 없어요].

🔊 **There's no comparison between the two.**
둘은 비교가 안 돼요.

🔊 **There's no comparison. This one is clearly better.**
비교할 필요도 없어요. 이게 분명 더 낫잖아요.

📅 문장 속 단어 & 표현 총정리

01 relaxing 휴식, expect 기대[예상]하다 **02** humid 습한, last one 지난번 것
03 outgoing 활발한, effective 효과적인 **04** smart 똑똑한, difficult 어려운
05 old one 예전 것 **06** voice 목소리, situation 상황 **07** taste (~한) 맛이다,
act 행동하다 **08** result 결과 **09** organized 체계적인 **10** clearly 분명히

Theme 098 313

Theme 099

설득

🎯 오늘의 학습 날짜 ◯ 월 ◯ 일

🎧 MP3_099

패턴과 문장들을 3회독씩 학습하며 박스(☐)에 체크 표시를 하고, 좌측의 음원 QR코드를 찍어 문장들을 듣고 따라 말하세요.

01 Trust/Believe me.

절 믿어 보세요.

🔊 **Trust me.** This will work.
절 믿어 보세요. 이거 효과 있어요.

🔊 **Believe me,** this is the best option.
절 믿어 보세요. 이게 가장 좋은 선택이에요.

02 Hear me out.

제 말 좀 들어보세요.

🔊 **Hear me out** before you decide.
결정하기 전에 제 말 좀 들어보세요.

🔊 **Hear me out** before you say no.
'아니'라고 하기 전에 제 말 좀 들어보세요.

03 Let me explain ~.

~을/를 좀 설명드릴게요.

🔊 **Let me explain** why this is important.
이게 왜 중요한지를 좀 설명드릴게요.

🔊 **Let me explain** my point of view.
제 입장을 좀 설명드릴게요.

04 Give it a try.

한번 (시도)해 봐요.

🔊 **Give it a try.** What's the harm?
한번 해 봐요. 뭐가 해롭겠어요?

🔊 Just **give it a try.** You might like it.
그냥 한번 해 봐요. 좋아하게 될 수도 있어요.

05 You've got nothing to lose.

잃을 건 아무것도 없어요.

🔊 Go for it. **You've got nothing to lose.**
그냥 해 봐요. 잃을 건 아무것도 없어요.

🔊 Try something new. **You've got nothing to lose.**
새로운 걸 시도해 보세요. 잃을 건 아무것도 없어요.

06 You won't regret it.

후회 안 할 거예요.

🔊 Just try it. **You won't regret it.**
한번 해 봐요. 후회 안 할 거예요.

🔊 Say yes. **You won't regret it.**
'그렇다'고 해 보세요. 후회 안 할 거예요.

07 At least consider it.

적어도 한번 생각은 해 봐요.

🔊 **At least consider it** before saying no.
거절하기 전에 적어도 한번 생각은 해봐요.

🔊 I'm not asking much, **at least consider it.**
많이 안 물을 테니, 적어도 한번 생각은 해봐요.

Theme 099

08 You know I'm right.

제 말이 맞는 거 알잖아요.

🗨 **You know I'm right.** Just admit it.
제 말이 맞는 거 알잖아요. 그냥 인정해요.

🗨 **You know I'm right.** This is the way to go.
제 말이 맞는 거 알잖아요. 이게 최선책이에요.

09 Let's be honest.

솔직히 말해서[톡 까놓고 말해서].

🗨 **Let's be honest.** You want this too.
솔직히 말해서. 당신도 이걸 원하잖아요.

🗨 **Let's be honest.** We're running out of options.
톡 까놓고 말해서. 선택지가 별로 없잖아요.

10 Wouldn't it be great if ~?

~하면 좋지 않겠어요?

🗨 **Wouldn't it be great if** we all worked together?
우리 모두 같이 일하면 좋지 않겠어요?

🗨 **Wouldn't it be great if** this actually worked?
이게 실제로 성공한다면 좋지 않겠어요?

📅 문장 속 단어 & 표현 총정리

01 **option** 선택 02 **decide** 결정하다 03 **point of view** 관점[입장] 04 **harm** 해로운 것 05 **go for** ~ ~을 (시도)해 보다, **something new** 새로운 것 06 **regret** 후회하다 07 **at least** 적어도 08 **admit** 인정하다, **the way to go** 최선책[가야 할 길] 09 **run out of** ~ ~이 떨어지다[없다] 10 **work** 일하다; 작동[성공]하다

Theme 100
추임새

MP3_100

패턴과 문장들을 3회독씩 학습하며 박스(□)에 체크 표시를 하고, 좌측의 음원 QR코드를 찍어 문장들을 듣고 따라 말하세요.

01 Well, ~.

음, ~예요.

🔊 **Well**, I didn't expect that.
음, 그건 예상 못 했어요.

🔊 **Well**, I guess it's time to go.
음, 저 이제 가야 할 것 같아요.

02 Actually, ~.

사실, ~예요.

🔊 **Actually**, I don't really like coffee.
사실, 전 커피 별로 안 좋아해요.

🔊 **Actually**, I'm not feeling well today.
사실, 오늘 몸이 좀 안 좋아요.

03 Honestly, ~.

솔직히, ~예요.

🔊 **Honestly**, I don't really care.
솔직히, 별로 신경 안 써요.

🔊 **Honestly**, I think it's a waste of time.
솔직히, 시간 낭비인 것 같아요.

04 Seriously, ~.

진심으로[진짜로], ~예요.

🗣 **Seriously, you've improved a lot.**
진심으로, 당신 진짜 많이 발전했어요.

🗣 **Seriously, I can't believe you did that.**
진짜로, 당신이 그걸 했다는 게 믿기지 않아요.

05 Basically, ~.

기본적으로[요컨대], ~예요.

🗣 **Basically, you mix these two ingredients.**
기본적으로, 이 두 재료를 섞으면 돼요.

🗣 **Basically, what I'm saying is we need to wait.**
요컨대, 제 말은 우리가 기다려야 한다는 거예요.

06 You know, ~.

알겠지만[알잖아요], ~예요.

🗣 **You know, it's not that easy.**
알겠지만, 그게 말처럼 쉽진 않아요.

🗣 **You know, I was just thinking about that.**
알잖아요, 저도 방금 그 생각 중이었어요.

07 I mean, ~.

제 말은, ~예요.

🗣 **I mean, it's not a big deal.**
제 말은, 별일 아니라는 거예요.

🗣 **I mean, it's your decision after all.**
제 말은, 결국 당신 결정이라는 거예요.

08 Thing is, ~.

문제는[사실은], ~예요.

🔊 **Thing is, we're out of time.**
문제는, 저희가 시간이 없다는 거예요.

🔊 **Thing is, I don't really like him.**
사실은, 저 그를 별로 안 좋아해요.

09 Like I said, ~.

말했듯이, ~예요.

🔊 **Like I said, I'm not going.**
말했듯이, 저는 안 갈 거예요.

🔊 **Like I said, it's up to you.**
말했듯이, 그건 당신에게 달렸어요.

10 At the end of the day, ~.

결국(엔), ~예요.

🔊 **At the end of the day, it's your choice.**
결국, 결정은 당신의 선택이에요.

🔊 **At the end of the day, effort beats talent.**
결국엔, 노력은 재능을 이겨요.

📋 문장 속 단어 & 표현 총정리

01 expect 예상하다 **02** be not feeling well 몸이 안 좋다 **03** care 신경 쓰다, waste 낭비 **04** improve 발전하다 **05** mix 섞다, ingredient 재료 **06** not that easy 그렇게[말처럼] 쉽지 않은 **07** big deal 큰일[별일] **08** out of time 시간이 없는 **09** up to ~ ~에 달린 **10** choice 선택, effort 노력, beat 이기다, talent 재능